D1928604

Antiquitäten

Hannelore und Mathias Ernst

Puppen

Ein Überblick über die Entwicklungsgeschichte und die wichtigsten internationalen Marken

Originalausgabe

WILHELM HEYNE VERLAG
MÜNCHEN

HEYNE RATGEBER ANTIQUITÄTEN
08 / 9309

Printed in Germany 1992
Umschlaggestaltung: Atelier Adolf Bachmann, Reischach
Layout / Herstellung: Helmut Burgstaller
Satz: Kort Satz GmbH, München
Druck und Bindung: RMO, München

ISBN 3-453-05767-8

Inhalt

Vorwort

Die Entstehung der Puppe geht nach Max von Boehn auf die Eigenschaft des Menschen zurück, in allen die Phantasie anregenden Formen der Natur Menschen oder Tierformen zu erkennen (man nennt dies auch den Spielinstinkt). Belegen läßt sich diese These z. B. an Hand der uns erhalten gebliebenen, selbstgebastelten ägyptischen Spielzeuge und Flickenpuppen aus dem 2. und 3. Jahrtausend v. Chr. »Spiel und Kultur bilden eine Einheit; nach Huizinga hat sogar alle Kultur im Spiel ihren Ursprung.« (Hermann Glaser)

Die Phantasie des Kindes, des Menschen kommt im wohldurchdachten Spiel, im ›So tun als ob‹ zum Ausdruck. Hier haben wir es mit einem Übertragungszauber zu tun, der bis in den religiösen Bereich verweist. »Seit eh und je haben Dichter, Künstler, Pädagogen und Philosophen die Bedeutung des Spiels für den Menschen ergründet und hervorgehoben, im *homo ludens* die wichtigste Ergänzung zum *homo faber,* im spielenden Menschen das notwendige Pendant zum arbeitenden Menschen erkannt. – ›Sag mir, was und wie du spielst, und ich sage dir, wer du bist‹ – eine solche Feststellung ist berechtigt, wenn man sich die große Bedeutung des Spiels und des Spielzeugs vor Augen hält. Im Spiel, in der Freiheit der Freizeit, kann sich das Humane des Menschen in bezug zur Umwelt entwickeln. Nach Schiller spielt der Mensch nur, ›wo er in voller Bedeutung des Wortes Mensch ist, und er ist nur da ganz Mensch, wo er spielt‹. Gerade die Menschwerdung des Kindes vollzieht sich im Spiel; es kommt darauf an, wie das Kind im Spiel zu sich selbst und zum Welt- und Lebensverständnis findet.« (Hermann Glaser)

Seite 7: Sonneberger Staatsdame, Brustkopf aus Papiermaché, mit Wachs überzogen; braune Glasaugen, Stoffkörper, um 1890, 50 cm.

Walter Benjamin schreibt in einem Essay über ›Altes Spielzeug‹: »Man kennt das Bild der unterm Weihnachtsbaum versammelten Familie, der Vater ganz ins Spiel mit einer Eisenbahn vertieft, die er dem Sohne eben geschenkt hat, während das Kind weinend daneben steht. Wenn solcher Drang zum Spielen den Erwachsenen überkommt, ist das kein ungebrochener Rückfall ins Kindliche. Freilich bleibt Spielen immer Befreiung. Kinder schaffen, von einer Riesenwelt umgeben, spielend sich ihre angemessene kleine, der Mann aber, den das Wirkliche ausgangslos, drohend umstellt, nimmt ihr durch ihr verkleinertes Abbild den Schrecken.«

Hermann Glaser spricht von einer »›Welt im kleinen‹, die bezaubert, verzaubert und Spiegelbild unseres besseren Selbst ist«, Walter Benjamin von der »Bagatellisierung eines unerträglichen Daseins«, oder anders ausgedrückt: von der menschlichen Notwendigkeit, »etwas statt dessen zu tun« und die Lebenswirklichkeit zu kompensieren.

Spielzeug soll in erster Linie die Wünsche und Bedürfnisse der Kinder befriedigen. Zugleich darf aber nicht übersehen werden, daß es hauptsächlich Erwachsene waren und sind, die das Spielzeug herstellen und für ihre Kinder auswählen. Und diese sind bestimmten gesellschaftlichen Konventionen und Vorstellungen unterworfen bzw. verfolgen ganz bestimmte Erziehungsideale.

Das Erziehungsideal für das Mädchen im 19. Jahrhundert z. B. fand seinen deutlichsten Ausdruck in der Puppe. Puppen sahen auch deshalb wie erwachsene Damen aus. Das Kind sollte mit einem von seiner künftigen Rolle in der Gesellschaft bestimmten Verhaltensmuster vertraut gemacht werden. Das Mädchen übte daher – besonders im Spiel mit dem Puppenhaus und der Puppenküche – die Rolle der bürgerlichen Hausmutter. Doch Walter Benjamin weist auch darauf hin: »Die nachhaltigste Korrektur des Spielzeugs vollziehen nie und nimmer die Erwachsenen, seien es Pädagogen, Fabrikanten, Literaten, sondern die Kinder selber im Spielen. Einmal verkramt, zerbrochen, repariert, wird auch die königlichste Puppe eine tüchtige proletarische Genossin in der kindlichen Spielkommune.«

Gibt es also ein ideales Spielzeug, ›gutes‹ Spielzeug – was sollte man heute Kindern zum Spielen geben?

Ist die Puppe – allgemeiner gesagt: geschlechtsspezifisches Spielzeug – noch zeitgemäß? Welchen Einfluß auf die Entwicklung eines Kindes können z. B. Kriegsspielzeuge, Computerspiele oder das Fernsehen haben? Es stellt sich die Frage nach dem Mißbrauch von Spielzeug, nach der Manipulierbarkeit durch Spielzeug.

In jedem Fall erweist sich das Sammeln, die Beschäftigung mit altem Spielzeug, besonders mit alten Puppen, als die wohl interessanteste kulturgeschichtliche Möglichkeit, die kulturelle Entwicklungsgeschichte der Menschheit zu dokumentieren und darzustellen.

Dieses Buch will einen Überblick über die historische Entwicklung der Puppen, insbesondere die Funktions- und Materialgeschichte, geben.

Zudem möchte es dem immer größer werdenden Sammler- und Liebhaberkreis praktische Tips und Orientierungshilfen geben.

Die Geschichte der Puppen – Vom Fetisch zum Spielzeug

Seite 11: Englische ›Puritaner-Puppe‹ aus dem 17. Jahrhundert, aus Eichenholz geschnitzt, 23,5 cm.

Die Geschichte der Puppen ist eng verbunden mit der Geschichte der Menschheit. Der Mensch schafft sich seine Puppe – nach seinem Vorbild, um sich selbst nachzubilden. Die Gestaltung des Kopfes oder der Kleidung entspricht den Geschmacksvorstellungen und den technischen Möglichkeiten der jeweiligen Zeit, wobei sich eine kontinuierliche Entwicklung hin zu einer absolut realistischen Darstellung der Wirklichkeit feststellen läßt.

›Docke‹ oder ›Tocke‹ nannte man im Mittelalter gern allgemein das Spielzeug. Ab etwa 1700 wurde dieser Begriff nur noch für Puppen verwendet. Das englische Wort ›doll‹ soll vom griechischen ›eidolon‹ (Idol) kommen. Im Lateinischen findet sich zudem das Wort ›pupa‹ (neugeborenes Kind).

Die ältesten Puppen, die wir kennen, dienten als Toten- bzw. Grabbeigaben oder als Zauberfiguren in Form von Amuletten und waren aus Holz, Stoff oder Elfenbein hergestellt.

Die Puppengeschichte beginnt also vermutlich mit Figuren, die ausschließlich magisch-kultischen Zwekken dienten – siehe z. B. die Dienerpuppen in den ägyptischen Gräbern um 2000 v. Chr. Die Figuren begrub man mit ihren Besitzern, da man auch im Leben nach dem Tode ihre Dienste in Anspruch nehmen wollte. Ansonsten hätte man womöglich die Sklaven lebend mitbegraben. Die Anzahl der Figuren richtete sich dabei nach dem Ansehen und dem Reichtum des Verstorbenen. Kinder durften mit diesen Puppen bzw. Figuren nicht spielen, da man daran glaubte, daß von ihnen unheimliche Zauberkräfte ausgehen. Frauen trugen einen Talisman um den Hals, da sie sich davon eine leichte Geburt und viele Kinder erhofften. Er konnte aber auch als Schutzgeist ganz allgemein dienen. Bei den Eskimos z. B. findet man noch heute solche Schutzgeister – in Form von Knochenfiguren – an den Kajaks.

Die Ashantimädchen trugen flache, geschnitzte Holzpüppchen auf dem Rücken. Dadurch sollten sie zu guten Müttern erzogen werden und später einmal schöne Töchter bekommen. Es gab aber auch Figuren, die Unheil bringen sollten: Wachsfiguren, das Ebenbild des Opfers darstellend, die dann mit Nadeln zerstückelt oder im Feuer zerschmolzen wurden. Die Hopi-Indianer gaben ihre religiösen Figuren auch den Kindern zum Spielen. Von diesen ›kachina‹-Figuren (›kachinas‹ = Erd- oder Himmelsgeister) sind auch heute noch verhältnismäßig viele erhalten.

Es ist zu vermuten, daß religiöse Figuren, die ihre Ursprungsbedeutung bzw. -funktion verloren hatten, zum Spielzeug für die Kinder wurden (dies trifft z. B. auch auf die Krippen- und andere religiöse Figuren des 18. Jahrhunderts zu).

Figuren, die eine Menschengestalt besaßen, galten bei primitiven Völkern als beseelt. In Norwegen wurden noch bis zur Mitte des 19. Jahrhunderts in den ländlichen Gegenden hölzerne Hausgötter verehrt. Diese in halber Lebensgröße geschnitzten Figuren hatten einen Hohlraum im Kopf, in dem am Weihnachtsabend Bier oder andere Getränke geopfert wurden.

In Japan werden seit mindestens tausend Jahren Puppenfeste gefeiert – am 3. März das der Mädchen und am 5. Mai für die Jungen. Früher warf man dabei Papierpuppen in den Fluß, die Krankheiten oder Unglück mit sich nehmen sollten. Erst später wurden sorgfältig gearbeitete Puppen im Hause aufgestellt. Die Puppen für das Mädchenfest wurden auf einem roten, für das Knabenfest auf einem grünen Tuch aufgebaut.

Die Entstehungsgeschichte griechischer Tonpuppen läßt sich bis in die Zeit von 900 bis 400 v. Chr. zurückverfolgen.

Aus der Römerzeit sind zahlreiche Puppen bzw. Figuren – sowohl für den religiösen Gebrauch als auch als Spielzeug für die Kinder – belegt.

Griechische Mädchen (so z. B. Plutarchs Tochter Timoxena), die oft schon mit zwölf Jahren heirateten, weihten ihre Puppen den Göttinnen Artemis (Göttin der

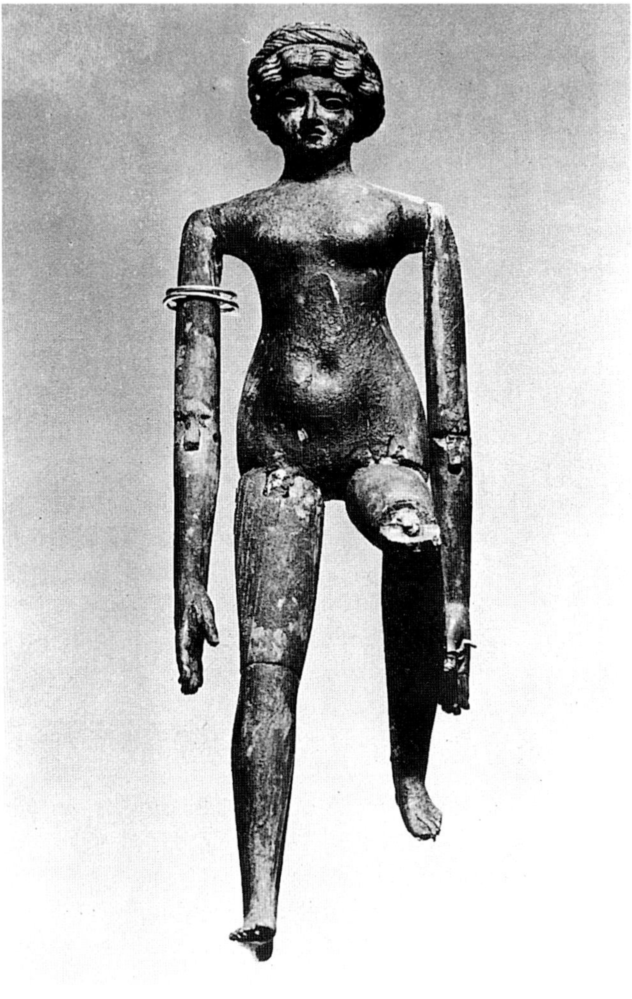

Hölzerne Gliederpuppe aus dem 1. Jahrhundert n. Chr., mit goldenem Oberarmreif und Ring, aus dem Sarkophag eines römischen Mädchens.

Jungfräulichkeit), Hera (Beschützerin der Ehe) oder Aphrodite (Liebesgöttin).

Die sprachliche Bezeichnung der Griechen für Puppe war ›kore‹ (Mädchen); ›korai‹ wurden im antiken Griechenland aber auch die kleinen Weihegeschenke aus Ton genannt. Auch hier liegt offenbar eine Funktionsüberschneidung bzw. -übertragung zwischen Weihegeschenk und Spielzeug vor.

Selbstgefertigte ›Lumpenpuppen‹, um 1900, 13 und 14 cm.

Die ägyptischen Spielpuppen wurden aus Holz und Leinen gearbeitet. Mit ihren aufgestickten Gesichtern und Haaren aus Stoffäden sind diese ägyptischen Puppen ein Beispiel dafür, daß es auch schon in frühester Zeit einfache Stoffpuppen gab, die ausschließlich zum Spielen gedacht waren.

Bei den meisten Völkern wurden die Puppen der Kinder in der Regel aus ganz einfachen, leicht verfügbaren und nicht sehr wertvollen Materialien hergestellt: Holz, Knochen, getrocknete Kürbisschalen, Maiskolben, Tannenzapfen, Rinde, Bast, Stroh, Leder und besonders häufig Ton.

Herman Schmidt beschreibt in ›Die Welt der niederdeutschen Kinderspiele‹, wie um 1900 an langen Winterabenden neben den üblichen Handarbeiten auch die Puppe ›Knauke‹ angefertigt wurde: »Der Flickerbeutel, in dem sich mancherlei bunte Stoffreste angesammelt hatten, lieferte das Material dazu. Der aus Stoffresten angefertigte Körper wurde sorgfältig bekleidet. Der Kopf, in dem durch Stickarbeit ein schönes Gesicht entstanden war, bekam auch eine Haarlocke. Durch die Kopfhaut wurden Wollfäden gezogen.«

Diese selbstgefertigten, aus wenig haltbarem Material hergestellten Puppen sind nur selten erhalten geblieben. Dieses trifft im besonderen Maße für Puppen zu, die aus Zucker, Brotteig, Marzipan oder Tragantgummi hergestellt wurden. Erwähnt seien nur die flachen Zuckerpuppen und Herzen, von denen Walter Benjamin berichtet, daß sie sich leicht der Länge nach teilen ließen und in der Mitte, wo die beiden Hälften zusammengebacken waren, auf einem Zettelchen mit buntem Bild einen Spruch enthielten, eine sogenannte ›Devise‹, z. B.:

»Hier du kleine Lose,
Nimm die Aprikose.«

So annonciert eine Berliner Conditorei in der Biedermeierzeit: »Bei dem Conditor Zimmermann in der Königsstraße sind feine Zuckerbilder von allen Sorten, wie auch von anderen Sorten Confecturen, nebst Devisen um civilen Preiß zu bekommen.«

Die Geschichte der europäischen Spielpuppe beginnt im 13. bzw. 14. Jahrhundert mit den Straßburger und Nürnberger Tonpüppchen. Diese haben eine Vertiefung in der Büste für einen ›Taufbatzen‹. Dieser Patenpfennig läßt darauf schließen, daß solche Puppen zur Taufe verschenkt wurden.

1413 und 1465 werden die Nürnberger Dockenmacher Ott und Meß urkundlich erwähnt. Das im Jahre 1485 gedruckte Kräuterbuch ›Hortus Sanitatis‹ zeigt einen Nürnberger Puppenmacher beim Schnitzen von hölzernen Gliederpuppen. Jedoch wurden die meisten Spielpüppchen nur aus einem Stück Holz geschnitzt, die sogenannten ›Stumpf-Docken‹.

Grundsätzlich lassen sich zwei frühe Grundformen von Holzpuppen unterscheiden: die komplizierte, gut gearbeitete Gliederpuppe, bei der Kopf und Glieder als getrennte Einheiten behandelt werden, und der massive, kleine Holzklotz, der bemalt wird.

Nürnberger Tonpuppe aus dem 15. Jahrhundert, ca. 15 cm.

Seit dem 15. Jahrhundert sind auch Gliederpuppen auf dem Gebiet der Kunst bekannt. Sie wurden von Malern und Bildhauern in Auftrag gegeben. Oskar Kokoschka z. B. ließ sich noch 1918/19 eine lebensgroße Gliederpuppe anfertigen.

Das von Pieter Brueghel 1539 gemalte berühmte Gemälde ›Kinderspiele‹ dokumentiert etwa 80 Spiele.

Vom Ende des 17. Jahrhunderts datieren die ältesten bekleideten Spielpuppen (England, um 1680). Bekannt sich auch die frühen französischen Modepuppen aus dem 18. Jahrhundert, auch ›Mannequin‹- oder ›Lady-Doll-Puppen‹ genannt, meistens kostbar gekleidet – ›en grande toilette‹. Diese ›Botschafterinnen der Mode‹, auch ›Pandoren‹ genannt, hatten die Aufgabe, die jeweils neueste Mode darzubieten bzw. vorzustellen.

Sie waren aber auch beliebte Geschenke. So bekam Mademoiselle de Bourbon, die Tochter Ludwigs XIV., von Ludwig von Epernon eine Puppe mit Zimmer, Bett-

Stumpfdocke aus Lindenholz, deutsch, um 1700, unbekleidet, vermutlich als Mannequin-Puppe gedacht. Sie hat jedoch auffallend religiöse Gesichtszüge; sehr interessantes Beispiel für das Funktionsdreieck Mode – Religion – Kinderspiel. 40,5 cm.

chen und anderem Mobiliar, Nachtkleid und zahlreichen Kostümen geschenkt (damaliger Anschaffungspreis: 2000 Taler).

Wirklich zu einem Spielzeug wurde die Puppe erst im späten 18. Jahrhundert. Den Kindern billigte man nun ihre eigene Welt zu. »Es hat sehr lange gedauert, bis man inne geworden ist, geschweige denn die Puppe es darstellte, daß es in Kindern nicht um Männer oder Frauen in verkleinertem Maßstab sich handelt. Bekanntlich hat selbst die Kinderkleidung sich erst sehr spät von der Erwachsener emanzipiert.« (Walter Benjamin)

Man maß dem Spiel mehr und mehr erzieherischen Wert bei. »Spiel ist die früheste Form geistiger Bildung«, lautet eine These Friedrich Fröbels (1782 bis 1851). Aus kleinen Erwachsenen wurden nun Kinder.

Im 19. Jahrhundert kamen mehr und mehr Puppen mit Kindergesichtern auf den Markt. Und schließlich, so recht zum Liebhaben: die Babypuppen.

Im Laufe ihrer Geschichte erfüllte die Puppe oft wechselnde Funktionen: Doch die magisch-kultischen Puppen der Frühzeit wurden genauso wie die Modepuppen des 18. und 19. Jahrhunderts den Kindern zum Spielen überlassen, wenn sie ihre Aufgabe erfüllt oder ihre ursprüngliche Bedeutung verloren hatten.

Eine Puppe in Trachtenkleidung z. B. kann Freundschaftsgeschenk, Souvenir, Dekoration oder auch Spielzeug sein. Die Puppe als Sammelobjekt ist inzwischen weltweit zu einem Liebhaberstück geworden. Puppen können aber auch repräsentieren, werben oder vorführen (besonders die mechanischen Puppen-Automaten). Und schließlich – seit Beginn des 20. Jahrhunderts – wurde die Puppe auch immer stärker zum Objekt künstlerischer Gestaltung – zu einer ästhetischen Möglichkeit, die uns wieder zurückführt zu Huizingas These, daß alle Kultur im Spiel ihren Ursprung habe – zur Puppe als Spiegelbild unseres besseren Selbst.

Holzpuppen

Wenn wir heute von der europäischen Spielpuppe sprechen, dann denken wir damit zunächst – neben den Tonpüppchen des späten Mittelalters – an Holzpuppen. Erinnert sei nur an den Nürnberger Puppenmacher, der im Hortus Sanitatis von 1485 abgebildet ist und der hölzerne Gliederpuppen schnitzte.

Berühmt sind die unter dem Namen Lord und Lady Clapham bekannten Puppen, die sich im Victoria and Albert Museum in London befinden. Die 33 cm großen Holzpuppen dokumentieren die Mode des 17. Jahrhunderts. Sie tragen ein Hauskostüm, wie es der Mode der damaligen Zeit entsprach, ein sogenanntes ›Fashionable Undress‹. Im Jahre 1974 wurden sie bei Sotheby's in London für 16000 Pfund versteigert. Ein europäischer Sammler hatte den Zuschlag erhalten; aber die Ausfuhr wurde auf Grund eines noch bestehenden Vorkaufsrechtes des Victoria and Albert Museum verweigert. Das Museum verfügte aber nicht über diesen Betrag und rief zu einer Sammlung auf. Die Bevölkerung half – und diese herrlichen Puppen blieben im Lande.

Die Kniehosen und die Weste des Puppenmannes sind aus silberdurchwobenem Stoff, und das lange Hemd ist seitlich hoch geschlitzt, so daß es zwischen den Beinen durchgezogen werden konnte und die Unterhose ersetzte.

Lady Clapham trägt einen gesteppten Unterrock, ein mit Fischbein verstärktes Korsett und ein Überkleid oder Negligé, dazu einen haubenartigen Kopfputz mit Spitzenbändern.

Seite 21: Deutsche Holzpuppe, gemalte schwarze Haare, Ohrringe aus Holz, Holzkörper mit schmaler Taille, blau-weiß-gestreiftes Baumwollkleid mit roten und grünen Pünktchen, ca. 1815, 54 cm.

Im Jahre 1763 wurde der Tochter des Bremer Bürgermeisters Liborius Dietrich von Post eine handgeschnitzte Holzpuppe – vermutlich in Thüringen hergestellt – geschenkt, welche auf dem Bremer Freimarkt an die Eltern oder Paten des Mädchens verkauft und in Bremen eingekleidet worden war.

Sie trägt das für eine vornehme Bremer Dame der damaligen Zeit typische schwarze Gewand mit der wei-

Porträtaufnahme der ausdrucksvollen und hervorragend erhaltenen Holzpuppe von ca. 1815 (Abb. Seite 21).

ßen Leinenschürze. Besonders charakteristisch ist die Perlbinze, eine helmartige, mit schwarzen Glasperlen bestickte Kopfbedeckung. Diese Holzpuppe befindet sich im Bremer Focke-Museum.

Bei den ersten Sonneberger Puppen aus dem 18. Jahrhundert handelt es sich um gedrehte Holzdocken, die bemalt wurden und angesetzte, geschnitzte Holzarme haben. Aus der einfachen Holzdocke ging später die sogenannte Ziehdocke hervor. Diese trägt ein Wickelkind auf dem Arm. Durch das Anziehen und Nachlassen einer Schnur, die durch den Körper gespannt ist, hebt und senkt die ›Dockenmutter‹ die Arme und damit das Kind. Um 1780 wurden in Sonneberg auch Kronen- und Tanzdocken hergestellt. Die Tanzdocken, auf Borstenbüscheln stehend, tanzen, wenn sie auf eine leicht vibrierende Oberfläche gestellt werden.

Im Norddeutschen Spielzeugmuseum in Soltau ist eine Nürnberger Holzpuppe (ca. 1780) mit einem detailliert geschnitzten Kindergesicht ausgestellt. Kopf und Körper der Puppe wurden aus einem Stück gearbeitet. Sie hat schwarze Glasaugen, wie sie seit der Mitte des 18. Jahrhunderts von Thüringer Glasbläsern gefertigt wurden. Der Kopf ist bis zur Brustpartie bemalt, Knie und Ellenbogen lassen sich durch Gelenke bewegen. Besonders schön sind ihre geschnitzten Hände. Sie trägt einen bedruckten Baumwollrock mit passendem Mieder, eine Schürze, Bluse, Schuhe aus Leder und eine Seidenhaube. Eindrucksvoll und sehr selten ist bei dieser 43 cm großen Holzpuppe das Kindergesicht; denn bis ins 19. Jahrhundert hinein sahen die Puppen ausschließlich wie Erwachsene aus.

Nürnberger Holzpuppe (ca. 1780), detailliert geschnitztes Kindergesicht, Kopf und Körper aus einem Stück gearbeitet, 43 cm.

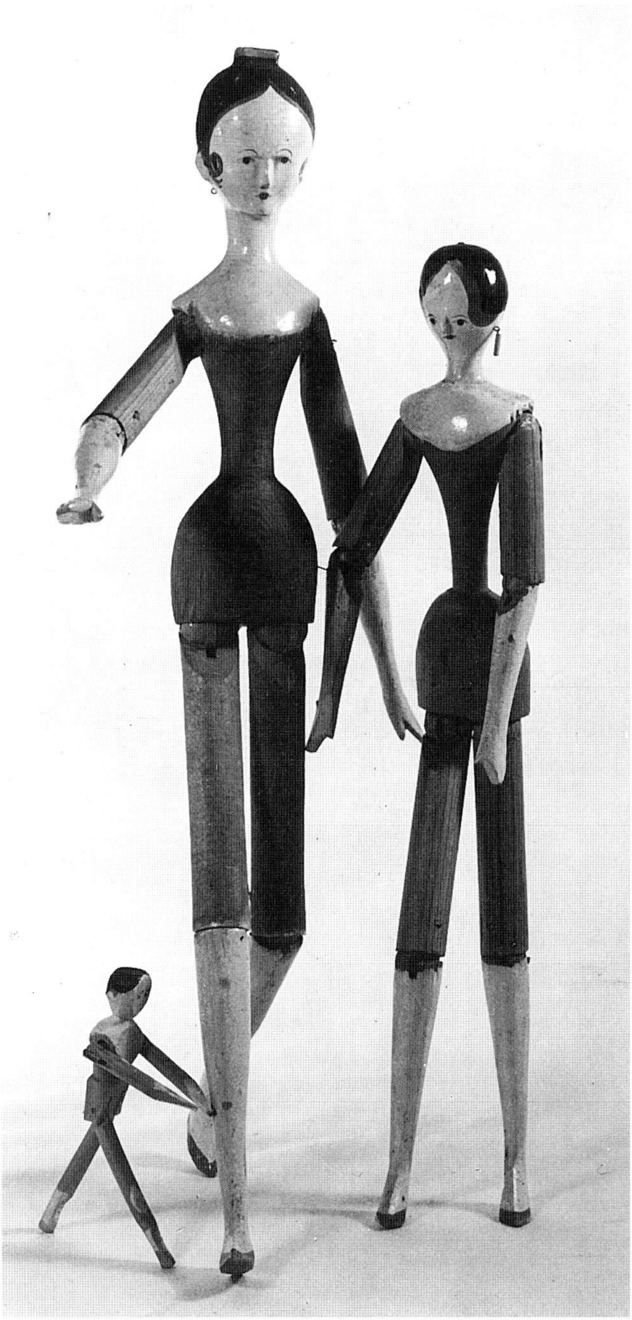

Gliederdocken aus Holz, gedrechselt und geschnitzt, Gröden um 1800.

Die wirtschaftliche Not der Menschen in den waldreichen Hochgebirgsgegenden des Oberammergauer und des Berchtesgadener Landes sowie in den Mittelgebirgen des Thüringer Waldes und des Erzgebirges zwang Bauern und kleine Handwerker, ihren Lebensunterhalt durch zusätzlichen Nebenerwerb aufzubessern. So entwickelte sich in Gröden (Südtirol) seit der Mitte des 18. Jahrhunderts eine der bedeutendsten Heimindustrien für Holzspielzeug. Ungefähr um 1820 wurden mechanische Drehbänke eingeführt, wodurch die Produktionszahlen erheblich gesteigert werden konnten. Die Verleger, die den Vertrieb durchführten, bündelten die Puppen zu Dutzenden. Es sind Belege vorhanden, wonach ein Schnitzer in 24 Stunden 1200 Puppen produzierte. 1823 sollen schon 10000 Puppen aus Gröden ins Ausland verschickt worden sein. Neben ›Penny‹- oder ›Farthingdolls‹, ›Woodentops‹, ›Peg wood dolls‹ usw. hießen sie in England, dem Hauptabnahmeland, vor allem ›Dutch Dolls‹, also ›Holländische Puppen‹. Rita Stäblein befand 1975 in ihrem Aufsatz über die Holzpuppen aus Gröden: »Der Name ›Dutch Dolls‹ führte bis in die neueste Literatur, besonders bei Übersetzungen, zu vielfachen Mißverständnissen. Da heißt es dann ›Puppen aus Holland‹, ›Holländische Puppen‹ o. ä., was zu einer echten Sinnverfälschung führt. Vermutlich wurde durch diesen Namen lediglich die Richtung über den Kanal, aus der die Puppen nach England kamen, bezeichnet.«

Es gibt unterschiedlich feine Arten der Ausführung. Die einfachen Stücke haben Hände und Füße, die nur mit wenigen Schnitten angedeutet wurden. Man sieht es ihnen an, daß sie unter großem Zeitdruck hergestellt worden sind. Manche Grödner-Puppen dokumentieren aber auch großes handwerkliches Können und sind von einer schlichten, aber bestechenden Schönheit.

Die feineren Püppchen – mit gelbem Steckkamm und Ohrgehängen – erfreuten z. B. auch die englische Prinzessin Victoria.

Grödnertaler Holzpuppe, um 1880, ausgestattet in England als Hausiererpuppe (PEDLAR DOLL), unter Glassturz, 25 cm. In ihrem Bauchladen bietet sie Knöpfe, Bänder, Häubchen, Spitzen usw. an.

Bei dieser Aufnahme der Holzpuppe aus Gröden sind der gelbe Steckkamm und die feine Bemalung gut erkennbar.

Um der Bemalung die notwendige Widerstandsfähigkeit geben zu können, waren Kenntnisse über Färbemethoden erforderlich. Die Grödner Schnitzer schickten noch im 18. Jahrhundert ihre ›weiße‹ Ware nach Oberammergau, um sie dort bemalen zu lassen. Etwa um das Jahr 1820 konnte die Bemalung der Puppen im Grödner Tal selbst aufgenommen werden – vor allem eine Arbeit für Frauen und Kinder. Aus dem Grödner Tal und dem Erzgebirge kamen die kleinsten beweglichen Püppchen der Welt (13 mm), deren Schultern und Hüften durch Steckgelenke beweglich sind.

Um 1730 mußten viele Berchtesgadener Menschen aus religiösen Gründen emigrieren. Sie ließen sich in der Nähe von Nürnberg nieder und stellten dort ihre ›Schepper-Docken‹ und ›Fatschenkinder‹ her. Diese Puppentypen wurden bald auch im Thüringer Land gefertigt. Im Brockhaus von 1898 ist zu lesen, daß Berchtesgaden und seine Umgebung berühmt sind durch die hier in hoher Vollendung gefertigten Holzschnitzwaren. »Gegenwärtig widmen sich in Berchtesgaden und Umgegend (besonders in Schönau) über 400 Familien mit mehr als 2000 Personen diesem Industriezweige und verdienen damit gegen 200000 M.«

In der englischen Kunstgeschichte werden die Epochen nach den Herrschern und ihren Familien benannt. Es gibt nur wenige Puppen, die noch aus der Regierungszeit von Queen Anne (1702 bis 1714) erhalten sind. Der in Europa als ›Queen-Anne-Puppe‹ bezeichnete Typ mit auffallend hoher Stirn und runden Apfelbäckchen stammt meistens aus sehr viel späterer Zeit; denn diese Puppen wurden noch bis ins 19. Jahrhundert hinein hergestellt.

Holzpüppchen, deutsch, um 1820; größere Puppe: Kleid aus weißem Musselin mit blau-grün-gestreifter Satinschleife, Tüllhut, 18 cm; kleines Püppchen: Seidenkleid mit Samtleibchen, grüne Borten und Bänder, Papier-Panama, 12,5 cm.

Englische Holzpuppe (George III.), ca. 1770 bis 1780, schwarze Glasaugen, goldfarbiges Seidenkleid mit Musselinkante, 21,5 cm.

Wachs- und Papiermachépuppen

Wachs kann der menschlichen Haut sehr ähnlich sehen. Bereits in der Antike und im Mittelalter, besonders aber in der Renaissance und im Barock, wurden nach geheimgehaltenen Rezepten menschliche Figuren aus Wachs hergestellt. Der Augsburger Daniel Neuberger modellierte bereits im 17. Jahrhundert Wachspuppen.

Seite 31: Barockdame ADELGUNDE, *Mitte 18. Jahrhundert, 55 cm.*

In den deutschen und holländischen Kabinett-Puppenhäusern des 17. Jahrhunderts (zu sehen z. B. im Germanischen Nationalmuseum, Nürnberg) befinden sich viele kunstvoll und sehr natürlich gearbeitete Wachspuppen.

Zu Beginn des 18. Jahrhunderts faßte die Fürstin Augusta Dorothea von Schwarzburg-Arnstadt (1666 bis 1751) den Entschluß, das Leben in ihrer kleinen Residenzstadt in einer Reihe von Puppenhäusern nachbilden zu lassen. Im Schloßmuseum in Arnstadt kann man heute diese ›Wachspuppenstadt‹ (›Mon Plaisir‹) bewundern.

Im 18. Jahrhundert wurden in Frankreich für die Modebranche Wachsköpfe mit aufwendig gearbeiteten Frisuren hergestellt. Die englischen ›Wachsmeister‹ begannen im 18. Jahrhundert, sich dem Puppenmachen anzunehmen.

Insgesamt gibt es nur sehr wenige Puppen mit massiven Wachsköpfen. Lediglich Porträt- oder Ausstellungspuppen wurden aus massivem Wachs hergestellt. Bis zur Mitte des 19. Jahrhunderts formte man die Wachsköpfe frei mit der Hand. Dann ging man dazu über, die Köpfe – sogenannte Modellköpfe – in Formen zu gießen. Die Gußformen für die Puppenköpfe und -glieder mußten mit heißem Wasser ausgekocht und anschließend mit einem Tuch ausgerieben werden. Eine Schöpfkelle diente dazu, das flüssige Wachs aus dem Kessel in die Gipsformen zu gießen. Hatte sich die Wachsschicht in der Form gehärtet und die richtige Schichtstärke erreicht, so schüttete man den Rest des flüssigen Wachses zurück in den Kessel.

Wachspuppen in einer Bäckerei – aus der historischen Puppensammlung MON PLAISIR, *Anfang des 18. Jahrhunderts.*

Das lauwarme, feste Wachs wurde der Form entnommen und ins Wasser gelegt, damit es abkühlen und völlig erhärten konnte. Zum Wachsfärben wurde das Farbpulver bei einer Wachstemperatur von ca. 60 Grad zur Wachsmasse hinzugegeben. Diese Hohlköpfe konnten auch mit einer dünnen Gipsmasse versehen werden, die aber nicht zu stark sein durfte, um den Kopf nicht zu schwer zu machen. Wichtig war auch das Nacharbeiten der Köpfe und Verputzen der Nahtstellen.

Augusta Montanari ist im Londoner Postregister von 1850 als ›Modellwachspuppen-Herstellerin‹ vermerkt. Auf der Weltausstellung in London (1851) wurde Augusta Montanari für ihre Puppen ausgezeichnet. Sie erregte großes Aufsehen mit ihrer wächsernen Puppenschau, die sie in Familiengruppen arrangiert hatte. Auch ihre Wachsbabypuppen sind berühmt. Mit ihren mollig modellierten Armen und breiten Schultern (ausgeprägte Fettfältchen), den einzeln mit heißer Nadel in die wächserne Kopfhaut eingesetzten Haaren, den runden Gesichtern, kleinen Schmollmündchen und den blauen Augen mit den langen Wimpern entsprachen die Mon-

Sonneberger Puppe, Brustkopf aus Wachs, feste Glasaugen, Leinenkörper, Arme aus Papiermaché, wachsiert, um 1880, 55 cm.

tanari-Puppen dem Schönheitsideal des Viktorianischen Zeitalters. Leider sind jedoch nur wenige Montanari-Puppen signiert worden – und dann nicht am Kopf, sondern an der Schulter oder am Körper.

Da Augusta Montanaris so lebensecht wirkende Wachsmodelle relativ teuer waren, entwarf Richard Montanari eine preiswertere Stoff- oder Lumpenpuppe. Richard Montanari ist im Postadressenverzeichnis um 1870 als ›Hersteller preisgekrönter Wachs- und Stoffpuppen‹ eingetragen. Die Bezeichnung Stoff- oder Lumpenpuppe ist aber stark irritierend, denn sie ist nicht aus Stoff oder Stoffresten gemacht, sondern sie hat ein Wachsgesicht mit einem Musselinüberzug.

Domenico Pierotti wanderte 1770 von Italien nach England aus. Ab 1780 wird er in den Urkunden als Wachspuppenmacher geführt. Sein Enkel Henry (oder Enrico) Pierotti erhielt 1862 auf der Internationalen Ausstellung für Wachs-Modellpuppen eine Bronze-Medaille. Er warb damit, die königliche Babypuppe erfunden zu haben. Die Pierotti-Babypuppen haben kurzgeschnittene, flachsblonde (manchmal auch tizianrote) Lockenköpfchen. Die Pierottis stellten auch Schaupuppen für Damen- und Herrenschneider her.

Die ausgeformten Wachsköpfe, -arme und -beine wurden an einem ausgestopften Ziegenlederbalg angenäht bzw. befestigt. Bei den Haaren der ›Pierottis‹ wurde die Messermethode angewandt: Drei oder vier Haare wurden gleichzeitig mit einem Skalpell in die Wachshaut eingesetzt. Anschließend wurde die wächserne Kopfhaut mit dem Messerrücken geglättet. Die Köpfe der Pierotti-Puppen sind meistens etwas seitlich geneigt und oft auffällig dunkel getönt (südländische Typen).

Die qualitativ hochwertigsten und auch teuersten Köpfe entstanden durch drei aufeinanderfolgende Wachsgüsse. Der erste Guß war sehr hell und dünn, der zweite in einem kräftigen Rosaton gehalten und der dritte von dunkler Tönung.

Billigere Puppen wurden in einem Arbeitsgang hergestellt. Aus Wachs wurden hauptsächlich solche Puppenteile geformt, die nach dem Ankleiden sichtbar blieben. Gekennzeichnet sind die Pierotti-Puppen – wenn überhaupt – durch ein kleines Papierschild.

Auch in Frankreich und Deutschland wurden in der zweiten Hälfte des 19. Jahrhunderts viele Wachspuppen hergestellt. Die deutschen Wachspuppen waren besonders billig. Bei den meisten überzog man eine aus Papiermaché gefertigte Form mit Wachs, da die Puppen so lebensechter aussahen. Wenn aber die Kinder nicht vorsichtig genug waren, konnte die dünne Wachsschicht brechen. Dann kam das Papiermaché zum Vorschein.

Der Kopf wurde vollständig bemalt in die flüssige Wachsschicht getaucht. Die Farbe der bemalten Papiermachéform blieb aber durch die hauchdünne Wachsschicht hindurch sichtbar. Anschließend färbte man bei diesen Puppen die Lippen, Augenbrauen und Wangen mit der Hand nach. Die Perücke wurde aufgesetzt oder das Haar wurde in einen Schlitz in die Kopfhaut eingesetzt. Die ›Schlitzköpfchen‹, deren Locken in einem Mittelschlitz auf der Kopfhaut befestigt wurden, sind auf sehr einfache Weise hergestellt worden. Das Wachs bröckelt deshalb häufig am Einschnitt, und ihre Haare fallen sehr leicht aus. Auch unschöne, das Gesicht entstellende Risse können über das Puppengesicht und die Schultern laufen.

Zu erwähnen sind noch die ›Kürbis-Köpfchen‹ (Pumpkin dolls, 1840 bis 1860) mit ihren geformten, gegossenen oder modellierten Haaren sowie die in der Zeit von 1840 bis 1870 hergestellten sogenannten ›Bonnet-dolls‹ mit ihren gegossenen, originellen Kopfbedeckungen.

Der Sonneberger Edmund Lindner sah auf der Londoner Weltausstellung von 1851 eine japanische oder chinesische Papiermachépuppe, die bewegliche Gelenke hatte und einen Säugling darstellte. Nach diesem Vor-

Porträtaufnahme: 70 cm große Puppe mit einem Brustkopf aus Papiermaché (wachsüberzogen), eingesetzte pupillenlose Glausaugen, Stoffkörper, Unterarme und Hände aus Leder, deutsch, wohl Sonneberg, ca. 1830.

bild entstand der Sonneberger Gelenktäufling. Die ersten Täuflinge, die aus Papiermaché gefertigt wurden, stießen nur auf ein geringes Interesse. Erfolgreich wurden diese Puppen erst, als Heinrich Stier, Sonneberg, den Papiermachékopf mit Wachs überzog. Es kam zufällig dazu, weil ihm, so wird berichtet, ein Fingerhut in die Wachslösung fiel. Das brachte ihn auf die Idee, auch die Puppenköpfe in Wachs zu tauchen.

Wachs ist ein sehr empfindliches Material, deshalb verloren diese Puppen zunehmend an Beliebtheit. Sie können nicht nur durch Zerkratzen oder Zerbrechen beschädigt werden, sondern sie reagieren auch empfindlich auf zu große Hitze bzw. Temperaturschwankungen. Daraus können Schäden entstehen, die selbst erfahrene Restaurateure kaum zu beseitigen bzw. zu kaschieren vermögen. Teilweise wurde Papiermaché auch ohne dünne Wachsauflage als Material für Puppenköpfe benutzt.

Links: Sonneberger Täufling, wachsüberzogener Papiermachékopf, gemalte Seitenlocken, Glasaugen, die durch Zugmechanismus geschlossen werden können; beim Zusammendrücken der Puppe wird ein Ton erzeugt, Arme und Beine haben die von den japanischen oder chinesischen Babypuppen übernommenen Gelenkverbindungen; ca. 1860, 25 cm.

Rechts: Puppenjunge mit Brustkopf aus Papiermaché, Ziegenlederkörper, gut erhaltene Originalkleidung, deutsch, wohl Sonneberg, ca. 1820, 36,5 cm.

Im 19. Jahrhundert wurde Sonneberg in Südthüringen zur bedeutendsten Spielzeugstadt der Welt: Am Ende des 19. Jahrhunderts exportierte man ca. 200 000 Zentner Spielzeug im Jahr!

Speziell für Puppen war Sonneberg führend in der Welt: In dieser Zeit entstanden hier 60 bis 70 Prozent der Puppen-Weltproduktion!

Im Jahre 1806 wurde erstmals Papiermaché in Sonneberg verwendet. Das neue Material prägte die Sonneberger Spielzeugproduktion des 19. Jahrhunderts.

Davor hatte man die Puppenköpfe entweder aus Holz geschnitzt oder aus einem Teig von Roggenmehl und Leimwasser geformt.

Seit dem Ende des 18. Jahrhunderts versuchte man bei Holzspielzeug die schwer zu schnitzenden Teile aus einem Teig von Roggenmehl und Leimwasser zu modellieren. Solche Köpfe aber eigneten sich kaum für längere Transporte. Kamen ungünstige klimatische Einflüsse oder lange Lagerzeiten noch hinzu, so schimmelten diese, zerbröckelten – und Ratten und Mäuse machten sich über sie her. Da nützten auch Zusätze wie Gift oder Sand nur wenig.

»Ich fühle noch den Schmerz, den ich empfand, als sich in einer bösen Nacht die Mäuse über mein Negerkind (das wesentlich aus Papiermaché bestand) hergemacht und sein schwarzes Gesicht mit den feuerroten Lippen zernagt hatten. Ich vergoß unzählige Tränen über dies schmachvolle Ende!« (Anna Freifrau von Zedlitz)

Der Bossierer (›bossieren‹ von ›bösseln‹ = basteln) Friedrich Müller in Sonneberg erhielt zusammen mit seinem Bruder im Jahre 1805 die Konzession zur Herstellung und zum Verkauf von Papiermachéwaren. Die Brüder Müller stellten jedoch zuerst nur Galanteriewaren aus Papiermaché her.

Sonneberg, Köppelsdorfer Straße, Postkarte um 1910.

Das Papiermaché, aus zerstampftem und in Wasser gelöstem Papier, Lumpenfasern, Roggenmehl, Schlämmkreide und Kaolin bestehend, hatte den Vorteil, daß es in Formen gedrückt werden konnte und sich, solange es noch nicht getrocknet war, modellieren ließ. Die Negativformen wurden aus Gips oder Schwefel von einem Modelleur geschaffen.

Die Köpfe wurden nach dem Trocknen mit Leinölfirnis als Nässeschutz überzogen und anschließend bemalt.

Die bisherige Tätigkeit des Holzschnitzens und Drechselns, die eine besondere Geschicklichkeit und Vorbildung erforderte, wurde abgelöst durch die mechanische, einfache und geringer bezahlte Technik des Ausdrückens aus den vorhandenen Formen. Diese Differenzierung der Arbeitsgänge (Arbeitsteiligkeit) führte in Sonneberg zu einem großen wirtschaftlichen Aufschwung. Mit der Massenherstellung von Papiermaché-Erzeugnissen kam es zu einem kaum vorstellbaren Formenreichtum. 20000 bis 25000 Muster enthielt das Musterzimmer eines Spielzeug-Verlegers.

Den fertigen Puppenköpfen wurden zum Teil Glasaugen und Zähne aus Bambus eingesetzt. Sie erhielten sauber genähte und elastisch gestopfte Körper aus Baumwollstoff, Leinen oder weichem Ziegenleder.

Die fertigen Puppen erhielten Perücken, Kleider, Unterwäsche, Strümpfe, Schuhe und Hüte, manchmal sogar ein Schmuckstück vom Juwelier.

Durch niedrige Arbeitslöhne konnten die Verleger ihre Puppen auf dem Weltmarkt sehr billig anbieten. Frankreich, ein führendes Puppenland, war Hauptabnehmer von Sonneberger Papiermachépuppen. Viele Sonneberger Puppen wurden in französischen Werkstätten kostümiert und dann als ›Pariserinnen‹ verkauft.

Ludwig Greiner, ein nach Amerika ausgewanderter Deutscher, ließ sich in Philadelphia nieder und wurde schon 1840 im Adreßbuch als ›Puppenmann‹ vermerkt.

Oben: Sonneberger Puppe mit Papiermaché-Brustkopf, modellierte Haare, Mittelscheitel, seitliche Korkenzieherlocken, Ziegenlederkörper mit Holzunterarmen und -beinen, ca. 1835, 48 cm. Die Puppe trägt unter ihrem Seidenkleid ein Wäschehöschen. Diese Hosen aus Wäschestoff wurden anstatt eines Unterrocks getragen. Bei Kindern war es sehr schwer, die Höschen immer blütenweiß zu halten – und so gab es Ersatzbeinlinge zum Anknöpfen.

Unten: Papiermaché-Brustkopf, deutsch, ca. 1850, schwarzmodellierte Haare, Ziegenlederkörper, Holzunterarme und -beine, gemalte blaue Schuhe, Kleid aus gelber Baumwolle, gelbe Seidenschleife, rosa Seidenhut, 23 cm.

Sein Verfahren zur Papiermachépuppen-Herstellung, das 1858 und 1872 patentiert wurde, beschrieb er in seinem Patentantrag ausführlich:

> »1 Pfd. weißes Papier wird gekocht, fein gestampft, das Wasser herausgepreßt, es bleibt aber feucht.
>
> Füge 1 Pfd. trockene spanische Schlämmkreide hinzu, 1 Pfd. Roggenmehl, 1 Unze Leim.
>
> Diese Masse wird durchgearbeitet, bis sie gut gemischt ist. Dann wird sie mit einer kleinen Walze ausgerollt, bis sie dünn genug ist. Nun werden für die Form geeignete Stücke herausgeschnitten und geformt.
>
> Überall wo ein Teil herausragt – z. B. die Nase –, muß es mit Linnen oder Musselin ausgefüllt werden.
>
> Was ich als meine Erfindung zu beanspruchen beabsichtige und durch Patentbrief sichern möchte, ist das Verstärken der Ränder und hervorstehender oder dem Abstoßen ausgesetzter Teile des Puppenkopfes durch Auszementieren oder durch Einkleben von Musselin, Seide oder ähnlichem Material.«

Wahrsagepuppe, Kopf aus Papiermaché, deutsch, ca. 1820; der Rock besteht aus mehrfarbigen Papierstreifen, auf denen Prophezeiungen für die Zukunft mit der Hand geschrieben stehen (in schwedischer Sprache). In der rechten Hand hält die Puppe einen Zauberstab, 28 cm. Solche Puppen waren vor allem im England des frühen 19. Jahrhunderts sehr beliebt.

Doch schon in der zweiten Hälfte des 19. Jahrhunderts konnten die Porzellankopfpuppen das Papiermaché mehr und mehr vom Markt verdrängen: Porzellanköpfe waren haltbarer, ausdrucksstärker und sprachen die Kinder stärker an.

Porzellankopfpuppen

1710 wurde die Königlich Sächsische Porzellan-Manufaktur zu Meißen gegründet. Doch es vergingen noch über hundert Jahre, bis um 1840 die ersten Brustköpfe aus Porzellan für Spielpuppen hergestellt wurden.

Diese Köpfe waren blendendweiß glasiert und relativ einfach in ihrer Bemalung.

Zur Porzellanherstellung wird eine Mischung geschmolzener Teilchen Feldspat und Quarz mit ungeschmolzenem Kaolin benötigt. Nach dem ersten Brand wird der Kopf bemalt, dann in eine flüssige Glasurmasse getaucht und ein weiteres Mal (sogenannten Glattbrand) bei etwa 1600 Grad Celsius ungefähr 36 Stunden lang gebrannt.

Glasierte Brustköpfe (China heads) wurden zumeist nicht signiert. Sie wurden in der Regel auf Leder- oder Stoffkörpern befestigt. Man hatte jedoch auch die Möglichkeit, nur den einzelnen Kopf zu erwerben. Den Puppenbalg fertigte man dann nach eigenen Vorstellungen, z. B. aus Stoffresten, an.

Frühe Exemplare der Manufakturen Meißen, Berlin oder Nymphenburg sind sehr selten. Oft hilft die Haartracht, die Entstehungszeit zu bestimmen. Die glasierten Köpfe der ›Biedermeier-Puppen‹ haben die typischen schwarzen, modellierten Haare – mit einem Mittelscheitel und zwei Wellen, die im Nacken zu einem Knoten geschlungen oder in zwei Zöpfe, welche wiederum um die Ohren gelegt oder zu einem Knoten auf dem Hinterkopf gesteckt wurden, geteilt sind. Etwa um das Jahr 1860 kam der gelockte, sogenannte Wellenscheitel in Mode, und etwa fünf Jahre später legte man dann

Seite 45: Brustkopf, glasiertes Porzellan, modellierte schwarze Frisur, Ziegenlederkörper, 63 cm. Originalkleidung: grünes und weinrotes Baumwollsatin-Kleid mit Spitzen und Pailletten verziert; auf der Brust und in der Taille münzenartiger Schmuck. Deutsch, ca. 1850.

Deutsche Puppe, Brustkopf, glasiertes Porzellan, stark abfallende Schultern, modellierte Frisur mit Blüten und Blättern, wahrscheinlich Porzellanfabrik Kloster Veilsdorf, Veilsdorf/Werra, Lederkörper, 65 cm, ca. 1830/1840.

Brustkopf, glasiertes Porzellan, modellierte schwarze Frisur (freies Ohr), Stoffkörper, glasierte Porzellanarme und -beine, Originalkleid aus blauem Kattun mit Tüllüberfang, verziert mit blauen Seidenschleifen, 41 cm, deutsch, ca. 1840.

diesen Wellenscheitel in mehrere ›Puffen‹ und faßte zum Schluß das Haar am Hinterkopf in einem ›Chignon‹ zusammen.

Es gibt aber auch glasierte Puppenköpfe ohne aufgemalte Frisuren. Auf dem Hinterkopf befindet sich ein schwarzgefärbter Fleck. Hier wurde die Puppenperücke angeleimt.

Noch häufig lassen sich Badekinder, auch ›Frozen Charlies‹ genannt, finden. Sie wurden ab 1850 aus glasiertem Porzellan in einem Stück gegossen und in großen Mengen hergestellt.

Diese Schwimmpüppchen waren um 1900 ein beliebter Saisonartikel in den Bädern der Küstenstädte. In Norddeutschland schenkte man der Braut solche Püppchen.

Diese Ganzporzellanfiguren sind in den verschiedensten Größen – von 1 bis 50 cm – bekannt. Sie haben entweder schwarzes oder blondes (sehr selten braunes), modelliertes Haar.

Badepuppe aus glasiertem Porzellan, deutsch, ca. 1890, 40 cm.

Oben: Deutsche Brautpuppe, Biskuitporzellan-Brustkopf, ca. 1850/1860, geschlossener Mund, blonde, anmodellierte Frisur, besonders reizvoll gearbeiteter Schmuck, zumeist Wachs- und Glasperlen, weißes, handgesticktes Batistkleid, 25,5 cm.

Unten: Biskuitporzellan-Brustkopf, deutsch, 1870/1880, geschlossener Mund, feststehende blaue Augen, hellblond gemalte und modellierte Haare mit schwarzem Haarreif; Stoffkörper, Unterarme und Hände aus Leder, 38 cm.

In der zweiten Hälfte des 19. Jahrhunderts nahm jedoch die Beliebtheit hochglänzender Puppenköpfe stark ab, da diese nicht hautähnlich und realistisch genug aussahen. Die Hersteller begannen, Puppenköpfe aus unglasiertem Porzellan zu produzieren, das ›Biskuit‹ genannt wird. So kamen während der Jahre 1850 bis 1870 die ersten Biskuitköpfe – ohne oder nur mit geringer Farbstoffbeimischung – in den Handel. Von Sammlern werden sie als ›Parian‹-Puppenköpfe bezeichnet. Tatsächlich sehen sie dem Weiß des Marmors der griechischen Insel Paros sehr ähnlich.

In Ciesliks ›Lexikon der Deutschen Puppenindustrie‹ wird jedoch bezweifelt, daß ›Parian‹-Porzellan (1848 in England erfunden) für die Herstellung von Puppenköpfen jemals verwendet wurde. Es wirkt durch seine Lichtdurchlässigkeit wie Marmor und soll fast ausschließlich zur Herstellung von Büsten und Nachbildungen antiker Plastiken Verwendung gefunden haben, da eine kostengünstige Herstellung von Puppenköpfen nicht möglich gewesen wäre.

Diesen frühen Biskuitköpfen wurde oft ein zartes Rosa beigemischt. Details ließen sich besonders gut herausarbeiten – wie eine Vielzahl von Frisuren (Zöpfe, Ringellocken, Flechtengestecke) und Verzierungen: Blumenkränze, Haarnetze, Spangen, Girlanden, Bänder, Broschen, Ketten, Diademe usw.

Nach 1875 setzte sich bei den Puppenköpfen immer mehr das Biskuitporzellan durch. Doch nur ganz wenige Puppenfabriken konnten Biskuitporzellan-Köpfe selbst herstellen. Darum handelt es sich bei den Signaturen auf den Hinterköpfen der Puppen zumeist um die Firmenzeichen der Porzellanmanufakturen. Nur die ganz großen Puppenmacher waren in der Lage, sich eigene Modellköpfe leisten zu können.

Die deutschen Puppen waren verhältnismäßig preiswert, da die Porzellanmanufakturen die Puppenköpfe zumeist nur nebenbei produzierten, sich also hauptsächlich auf gewinnbringendere Erzeugnisse konzentrierten. In einer Anzeige aus dem Jahre 1926 heißt es:

»Porzellanfabrik A. W. Fr. Kister GmbH, Scheibe (Thüringer Wald), gegründet 1837, reiche Kollektion historischer Modelle in Alt-Sèvres-Marmor und reicher Golddekoration, Gruppen und Figuren in Meißner Genre. Antike und klassische Gruppen und Figuren, Büsten, Dichter und Komponisten aus feinstem weißen Bisquitporzellan. Heilige Gruppen und Figuren, Weihwasserkessel und Grabsteinartikel.

Spielwaren: Badekinder, Gelenkpuppen, freistehende Tiere.«

Serien-Nr. ›3‹, um 1880, Biskuitporzellan-Kurbelkopf, geschlossener Mund, Gelenkkörper, 52 cm.

Im Jahre 1860 ließ sich die französische Firma Jumeau, Paris, den drehbaren Hals (Kurbelkopf) patentieren. Kurbelköpfe, am Halsende abgerundet, sitzen in einer Vertiefung auf dem Körper und ermöglichen ›natürliche‹ Kopfbewegungen. Viele frühe Kurbelköpfe haben einen geschlossenen Kopf bzw. keinen Kopfausschnitt (›Belton‹-Typ).

Porträtaufnahme der Jungenpuppe von KESTNER.

Rechts: Puppe mit Kurbelbrustkopf (SWIVEL-HEAD) *aus Biskuitporzellan, feste Glasaugen, Mohairfrisur, Lederkörper, vermutlich deutsch, um 1873, 45 cm.*

Beim Brustkopf bestehen Kopf und Schulterstück aus einem Teil. Der Kopf ist daher unbeweglich. Frühe Brustköpfe wurden oft leicht schräg aufgesetzt (siehe Alt, Beck & Gottschalck, Kestner etc.).

Als ›Swivel-head‹ bezeichnet man einen Kurbelkopf, der auf einem Bruststück aus Biskuitporzellan mit einem Drehzapfengelenk befestigt ist.

Die vor 1870 entstandenen Puppen stellten fast immer Damen dar, ›Puppenmänner‹ gab es kaum. 1878 kam in Frankreich erstmalig ein ›Bébé‹ auf den Markt.

Als ›Bébé‹ bezeichnet man eine Puppe, die ein Kind im Alter von acht bis zwölf Jahren darstellt. Damit setzte eine Entwicklung zum ›Puppenkind‹, dem Kind für das Kind, ein, welche ihren Höhepunkt in der ›Charakterpuppenzeit‹ nach 1900 und dem ›Babypuppenboom‹ – besonders in den zwanziger Jahren – fand.

Links: Simon & Halbig, Serien-Nr. 979, GM-Eintragung 1887, Biskuitporzellan-Kurbelkopf, geschlossener Mund, Gelenkkörper, feststehende Handgelenke, 68 cm.

Ab 1869 stellten Simon & Halbig, in Gräfenhain bei Ohrdruf / Thüringen, Biskuitporzellan-Puppenköpfe her.

Puppe von Danel & Cie., Halsmarke: PARIS BÉBÉ TETE DEPOSE, *Körpermarke: Eiffelturm (auch ›jüdisches Bébé‹ genannt), Biskuitporzellan-Kurbelkopf, geschlossener Mund, Gelenkkörper, um 1890, 50 cm.*

Rechts: Seltenes Mulatten-Mädchen, Halsmarke: 1358 Germany Simon & Halbig S & H 7, um 1910, kaffeebraun bemalter Biskuitporzellan-Kurbelkopf, geöffneter Mund, durchstochene Ohrläppchen mit Ohrringen, Kugelgelenkkörper (dunkelbraun getönt), 48 cm.

Sie belieferten andere Firmen, die dann die Puppen zusammensetzten und ankleideten. Auch die französischen Puppenhersteller wußten die einzigartige Qualität der Simon & Halbig-Köpfe zu schätzen. Über die Anfangsjahre der Simon & Halbig-Produktion wissen wir heute kaum noch etwas. In den ersten Jahren stellte die Firma besonders schöne Brustköpfe aus Biskuitporzellan her. Diese zwischen 1870 bis 1880 hergestellten hellen Köpfe haben auffallend sorgfältig modellierte Frisuren.

Bereits 1902 begann die Zusammenarbeit mit der Firma Kämmer & Reinhardt in Waltershausen, die 1920 die Porzellanfabrik von Simon & Halbig übernahm.

In Waltershausen lebte man zur Jahrhundertwende vorrangig von der Spielzeug- und Puppenherstellung. Johann Daniel Kestner begründete 1820 die dortige Puppenindustrie. Schon 1840 besuchte er als erster Spielwarenfabrikant von Waltershausen die Leipziger Messe. Sein Angebot: Holzgliederpuppen mit Holz- und Papiermachéköpfen, Felltiere, Stehaufmännchen, Tierfiguren aus Papiermaché mit aufgeleimter Schafwolle und anderes mehr. Kestner besaß ab 1860 eine eigene Porzellanfabrik (Kestner & Comp., Ohrdruf). In einem alten Geschäftsbuch von Kestner ist nachzulesen, daß 1846 etwa 1260 Puppenmacher für ihn tätig waren, darunter 423 Kinder unter 14 Jahren.

Auch der Schüler Hermann Danz aus Waltershausen mußte nach der Schule erst einmal ein paar Ellen Wimpern für die Puppenaugen machen. Dazu mußten Dachshaare in einem Mörser gestoßen und auf Papierstreifen geklebt werden. Seine Lehre machte er beim Puppenfabrikanten Adolf Hülss in Waltershausen. Dort erlernte er das Augeneinsetzen, wofür er drei Pfennige pro Stunde bekam.

Wiesenthal, Schindel & Kallenberg, um 1910, Biskuitporzellan-Kurbelkopf, offener Mund, Gelenkkörper, 62 cm.

45 Arbeitsgänge waren damals nötig, um ein Augenpaar einzusetzen. Die Augen wurden mit Gips festgeklebt. Dabei war es wichtig, sie beweglich zu machen, bevor der Gips sich härtete. Bis ca. 1885 hatten die Puppen feststehende Augen. Bereits ab 1886 verwandte die französische Firma Jumeau für ihre Puppen Schlafaugen.

1893 wurden erstmals Puppen mit geöffnetem Mund und Zähnen angeboten. Sammler schätzen Puppen mit geschlossenem Mund im allgemeinen jedoch höher ein. Dabei waren Puppen mit geöffnetem Mund und sichtbaren Zähnen in der Produktion sogar kostspieliger als solche mit geschlossenem Mund, da ein zusätzlicher Arbeitsvorgang erforderlich war.

Der Kugelgelenk-Körper, eine französische Erfindung, wurde zunächst von Adolf Wislizenus, Waltershausen, nachgebaut und verkauft, später dann von Heinrich Handwerck, Waltershausen, weiterentwickelt bzw. verbessert.

Armand Marseille, Serien-Nr. 341, ›My Dream Baby‹, GM-Eintragung 1926, Biskuitporzellan-Vollkopf (Ringhals), geschlossener Mund, 52 cm.

In Sonneberg ließ Ernst Großmann 1880 eine Puppe aus ›Papiermaché und Holz mit Kugeln‹ als Geschmacksmuster schützen.

Armand Marseille war vermutlich zu Beginn des 20. Jahrhunderts der größte Porzellan-Puppenkopf-Hersteller der Welt. Die 1885 gegründete Fabrik in Köppelsdorf (Sonneberg) stellte zunächst Porzellanpfeifen und Reservistenkrüge her. Die Porzellanfabrik Armand Marseille fertigte während ihrer Glanzzeit etwa tausend Puppenköpfe pro Woche. Der Kopf mit der Seriennummer 390 wurde am häufigsten verwendet und auch am längsten produziert.

1919 übergab Armand Marseille die Leitung seines Unternehmens an seinen Sohn Hermann, der mit seinem Schwager Ernst Heubach jun. fusionierte (neue Firmenbezeichnung: ›Vereinigte Köppelsdorfer Porzellanfabriken‹). 1925 kam die Erfolgspuppe ›My Dream Baby‹ auf den Markt.

Interessante und heute sehr begehrte Puppen wurden auch von der Firma Kämmer & Reinhardt hergestellt, die 1885 in Waltershausen gegründet worden war und seit dem Jahre 1902 mit Simon & Halbig zusammenarbeitete. Nach dem Tode von Ernst Kämmer (1901) übernahm Karl Krauser die künstlerische Leitung der Firma. Ab 1909 entstanden die wohl interessantesten Puppen – die sogenannten ›Charakterpuppen‹ mit Köpfen aus Biskuitporzellan. Sie wurden von Simon & Halbig produziert.

Die frühen Kämmer & Reinhardt-Modelle gleichen stark den französischen Puppentypen mit großen Augen und oftmals durchstochenen Ohrläppchen.

Die Firma Kämmer & Reinhardt war stets auf der Suche nach ausgefallenen Modellen. Sie interessierte sich für alle Neuerungen, so auch für einen Schlafaugenmechanismus, der mit einer Vorrichtung ausgestattet wurde, die es ermöglichte, die Puppe niederzulegen, ohne daß sich die Augen schlossen. Dieser als ›Unart‹

Unten: Kämmer & Reinhardt/ Simon & Halbig, Serien-Nr. 122, GM-Eintragung 1912, Charakterpuppe, Biskuitporzellan-Kurbelkopf, offener Mund, Sitzbabykörper, 32 cm.

Oben: Kämmer & Reinhardt/ Simon & Halbig, Serien-Nr. 117n, GM-Eintragung 1916, ›Mein neuer Liebling‹, Biskuitporzellan-Kurbelkopf, offener Mund, Gelenkkörper, 62 cm. Wurde bis in die 30er Jahre hinein hergestellt.

bezeichnete Mechanismus beruht auf einem Stift am Hinterkopf, der beim Hinlegen der Puppe gegen die Augen drückt, so daß sie offen bleiben. Erst wenn man die Puppe ein wenig nach links dreht, schließt sie die Augen.

Die Firma Kämmer & Reinhardt erwarb auch ein Grammophon-Patent und fertigte eine sprechende und singende Puppe – mit einer kleinen Schallplatte im Bauch – an.

Charakterpuppen aus dem Puppen- und Spielzeug-Museum in Rothenburg o. d. T.: Jungenpuppe von Gebr. Heubach, Lichte, um 1915 (links), Mädchenpuppe von Bruno Schmidt, signiert ›529 BSW‹ im Herz, um 1910 (rechts).

Emile Jumeau, Paris, um 1885, Biskuitporzellan-Kurbelkopf, geschlossener Mund, hellblaue Glasaugen (Paperweight-Effekt).

Ab 1890 verlangten neue Tarifgesetze, die Puppenköpfe mit Herstellungsmerkmalen zu versehen. Von da an wurden die Puppenköpfe meist am Hinterkopf signiert.

Die Firma Jumeau war eine der bekanntesten und größten Puppenherstellerinnen Frankreichs. Sie erhielt zahlreiche Goldmedaillen, z. B. 1878 in Paris, 1879 in Sydney, 1880 in Melbourne, 1884 in New Orleans, 1885 in Antwerpen.

Die frühen Jumeau-Puppen sind von großer Schönheit und hoher Qualität. Die wundervollen, ausdrucksstarken Augen, ein Merkmal für hochwertige französische Puppen, erforderten mehrere Arbeitsgänge. Sie wurden aus farbigen Glasstangen für die Iris, schwarzen Stäben für die Pupillen und undurchsichtigem Weiß für die Augäpfel geschmolzen. Für diese Arbeit stellte Jumeau ausschließlich elternlose Mädchen ein, die eine Ausbildung von fünf Jahren erhielten. Eine geschulte Arbeiterin konnte an einem Tag mehr als 100 Augen herstellen.

1881 wurden 85 000 Puppen von Jumeau angefertigt, 1884 waren es 220 000 und 1890 wurde die Millionengrenze schon überschritten.

Trotz dieser phantastischen Zahlen konnte es sein Sohn Emile Jumeau nicht verhindern, daß es nach 1890 zu geschäftlichen Einbußen kam: Die Konkurrenz der deutschen Puppenhersteller war zu dieser Zeit sehr stark geworden.

Jumeau-Puppen wurden kostbar gekleidet, nur die teuersten Stoffe wie Seide und Brokat wurden verwendet. Der Luxus und die Perfektion, mit der sie hergestellt sind, sind oft so überwältigend, daß man sich diese Puppen kaum noch in Kinderhänden vorstellen kann. Sie erinnern eher an die Modepuppen, die bereits im 18. Jahrhundert, als reiche Bürger immer mehr die Mode des Adels nachahmten, weltweit in Modehäuser geschickt wurden, um den neuesten Pariser Chic vorzustellen.

Die ›Pandoren‹ und ›Mannequin-Puppen‹ verfügten oft über eine Vielzahl modischer Accessoires – wie Hüte, Handschuhe, Muffs, Handtaschen, Fächer, Kämme usw.

Die französischen Puppen der 60er und 70er Jahre des 19. Jahrhunderts stellten vornehme Puppendamen dar und hatten feine, matte Brustköpfe aus Biskuit, wohlproportionierte gestopfte Körper, mit Ziegenleder bezogen, oder holzgeschnitzte Grundformen, die mit feinem Leder überzogen wurden.

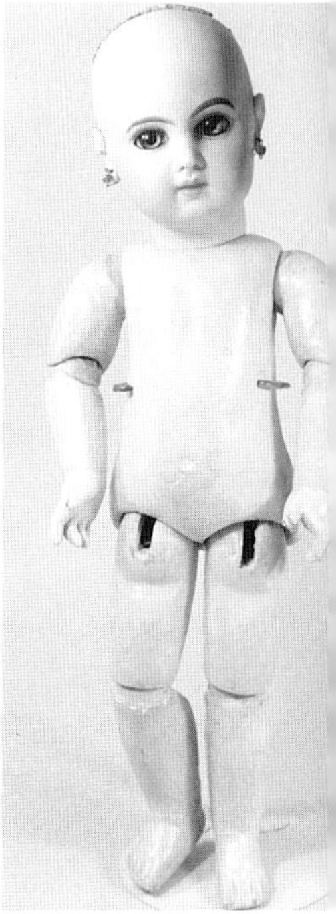

Original-Jumeau-Körper, 43 cm, Schuhe signiert: BÉBÉ JUMEAU DEPOSÉ.

Aber auch andere französische Firmen, wie z. B. Bru, Gaultier oder Steiner, stellten Porzellanköpfe von hervorragender Qualität her. Gaultier fertigte hauptsächlich Köpfe für sogenannte ›Lady-Typen‹ an.

Selten und teuer sind Puppen des Herstellers Casimir Bru. Bru meldete verschiedene Patente an, so auch für einen vollbeweglichen Puppenkörper. Um 1880 brachte er die heute so beliebten ›Bébés‹ auf den Markt.

Bei der Weltausstellung von 1867 erregten Huret-Puppen großes Aufsehen. Vorgestellt wurden Gliederpuppen (›Swivel-heads‹) mit Körpern aus Holz und Händen aus Blei. Nur etwa 1500 Puppen wurden pro Jahr hergestellt.

Französische Modepuppe von François Gaultier, Kurbelbrustkopf (Swivel-head) aus Biskuitporzellan, geschlossener Mund, Lederkörper; im aufwendig gearbeiteten Kleid befindet sich ein eingeklebter Zettel: ›MRS. MERRILL 1876 – 1880‹, 58 cm.

Bru, Gaultier und Jumeau gehörten zu den Firmen, die sich 1899 zur S.F.B.J. (Société Française de Fabrication des Bébés et Jouëts) zusammenschlossen. S.F.B.J.-Puppen sind qualitativ sehr unterschiedlich. Es gibt einige interessante Exemplare, die in Formen von Jumeau gegossen und mit ›S.F.B.J.‹ signiert wurden.

Doch die Käufer gaben mehr und mehr den billigeren deutschen Puppen den Vorzug. Deutsche Puppen wurden zumeist nur mit einem Hemd bekleidet verkauft. Zu Weihnachten gab es dann oft neue Kleider für die Puppen.

Die 1841 geborene Margarete Lenk erzählt in ihren Lebenserinnerungen davon: »Zu Hause war die gute Stube verschlossen; doch hörte man zuweilen den Klang einer Trompete, die Stimme eines Schäfchens oder sonst etwas Geheimnisvolles. Das kleine dürre Nähmädchen, das jede Woche einen Tag kam, um auszubessern, arbeitete jetzt hinter einem Bettschirm; doch dachte ich nie daran, daß das spurlose Verschwinden meiner Puppen damit etwas zu tun habe.«

Nebenstehend: Simon & Halbig, Serien-Nr. 150, um 1912, Charakterpuppe, Biskuitporzellan-Kurbelkopf, geschlossener Mund, Gelenkkörper, 46 cm. Diese sehr seltene Charakterpuppe hat große Ähnlichkeit mit der Serien-Nr. ›107‹ (Karl).

Um die Jahrhundertwende setzte sich ein neuer Puppentyp (sogenannte ›Charakterpuppen‹) durch: Bedeutende Künstler beschäftigten sich mit Entwürfen für Puppen und leiteten damit eine neue Entwicklung ein.

1909 überraschte die Waltershausener Puppenfabrik Kämmer & Reinhardt ihre Kunden mit einem ›Charakterbaby‹ (Serien-Nr. 100). Das berühmte ›100er Baby‹ von Kämmer und Reinhardt, fälschlicherweise oft als ›Kaiserbaby‹ bezeichnet, wurde von dem Berliner Bildhauer Prof. Arthur Lewin-Funcke modelliert.

Es folgte eine Fülle von besonders ausdrucksstarken Puppen. Lieferant für die Puppenköpfe war die Firma Simon & Halbig, Gräfenhain.

Der besondere Reiz dieser Charakterpuppen liegt darin, daß sie Kinder nicht nach einem idealisierten Schönheitsideal, sondern wirklichkeitsnah abbilden:

Korb-Osterei, französisch, um 1900, Puppe mit Biskuitporzellankopf, signiert ›A. B.‹ (Ad. Bouchet, Paris), 26 cm.

Kämmer & Reinhardt, Serien-Nr. 112, GM-Eintragung 1909, Charakterpuppe, geschlossener Biskuitporzellan-Kurbelkopf (Belton-Typ), offen-geschlossener Mund mit zwei gemalten Zähnen, Toddlerkörper, 34 cm.

Diese Puppen zeigen Trotz, Freude, Kummer, Besonnenheit, Lachen und Weinen... Die Künstler, die die Charakterpuppen modellierten, und die Firmen, die sie fertigten, wollten den Kindern Puppen zum Liebhaben, Umsorgen und Trösten geben und damit bewußt auf die Bedürfnisse der Kinder eingehen.

Der unglaubliche Typenreichtum der Jahre zwischen 1909 und 1914 verschwand so schnell wie er gekommen war. Während der Inflation kauften Amerikaner die meisten Restbestände der deutschen Puppenfabrikationen auf. Viele deutsche Puppenfirmen mußten ihre Produktion einstellen und schließen. Tausende von Charakterpuppen wurden zerstört – heute gehören sie zu den beliebtesten und gesuchtesten Sammlerpuppen.

Links: Gebr. Heubach, ›SCHREIENDER KNABE‹, *um 1910, Vollkopf aus Biskuitporzellan, gemalte Augen, Lederkörper, 34 cm.*
Rechts: J. D. Kestner jr., ›255 O.I.C.‹, ›SCHREIER‹, *um 1916, Vollkopf (Biskuitporzellan), Glasaugen, Stoffkörper, 36 cm.*

Carl Bergner, Dreigesichter-Puppe mit einem lachenden, weinenden und schlafenden Gesicht, 1903, Biskuitporzellan-Kurbelkopf auf Brustplatte aus Masse, Stoffkörper, Zugstimmen-Mechanismus, 35 cm.

Gebr. Heubach, Serien-Nr. 6969, um 1912, Charakterpuppe (POUTY), Biskuitporzellan-Kurbelkopf, geschlossener Mund, Schlafaugen, Kugelgelenkkörper, 55 cm.

Wichtige deutsche Hersteller von Porzellankopfpuppen

(Diese Aufstellung stellt nur eine Auswahl dar, sie erhebt keinen Anspruch auf Vollständigkeit.)

Alt, Beck & Gottschalck,
Nauendorf / Ohrdruf (gegründet 1854)

Ab Mitte der 80er Jahre des vorigen Jahrhunderts interessante Biskuit-Puppenköpfe, Brustköpfe (leicht schräg gestellt), ›Nanking-Puppen‹, Biskuitköpfe mit modellierten Haaren, Häubchen, Hüten, Mützen – z. B. ›Kaiserin Augusta‹ mit modelliertem eisernen Kreuz und die berühmte ›Puppe mit blauem Schal‹. Herstellung von Badekindern. Frühe Exemplare signiert: ›German‹ und Serien-Nr. oder mit ›Dep. No.‹. Charakterpuppen ab 1910 mit ›AB&G‹ gezeichnet.

Baehr & Proeschild,
Ohrdruf (gegründet 1871)

Zunächst Puppenherstellung im Stil der französischen Puppenfirmen. Auch Fertigung von Porzellanfiguren. 1918: Übernahme durch Bruno Schmidt.

C. M. Bergmann, um 1910, Charakterpuppe, Biskuitporzellan-Kurbelkopf (Vollkopf), offener Mund mit beweglicher Zunge, Babykörper, 42 cm.

Schwälmer Trachtenpaar, um 1900, Biskuitporzellan-Kurbelkopf von Adolf Wislizenus, Waltershausen (Mädchen), Biskuitporzellan-Kurbelkopf von Alt, Beck & Gottschalck (Junge).

Bergmann, Charles M.,
Waltershausen und Friedrichroda (gegründet 1888)

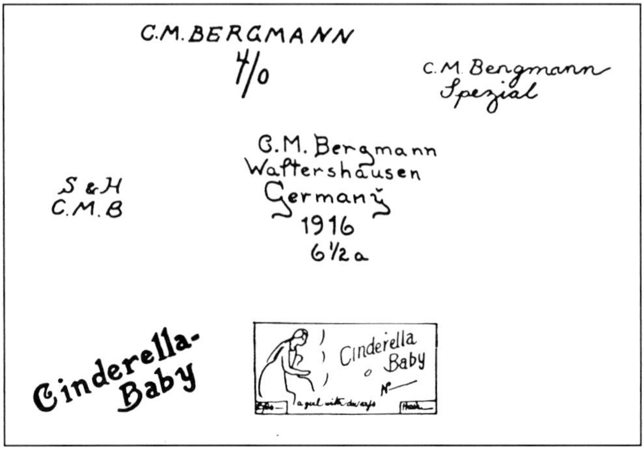

Catterfelder Puppenfabrik,
Catterfeld bei Waltershausen (gegründet 1906)

Die Köpfe wurden von der Porzellanfabrik Kestner & Co. bezogen. Ab 1910 interessante Charakterpuppen mit ›200er‹ Numerierung. Babypuppen mit gemalten Haaren und abstehenden Ohren. Initialen ›C.P.‹, evtl. Zusatz ›Deponiert‹.

Catterfelder Puppenfabrik, Serien-Nr. 208 dep., um 1910, Charakterbaby, Biskuitporzellan-Vollkopf, offener Mund, bewegliche Zunge, 38 cm.

Dressel, Cuno & Otto,
Sonneberg (gegründet 1789)

1789 als Handelshaus gegründet. Zunächst Papiermaché- und Wachsköpfe, mit Papiermaché überzogen, sogenannte ›Sonneberger Staatsdamen‹. Export nach USA: Porträt-Puppen. Biskuitporzellan-Köpfe wurden von Armand Marseille, Simon & Halbig (›Jutta‹-Puppe, Serien-Nr. 1349), und von den Gebrüdern Heubach geliefert. Daher oft Doppelmarkierungen.

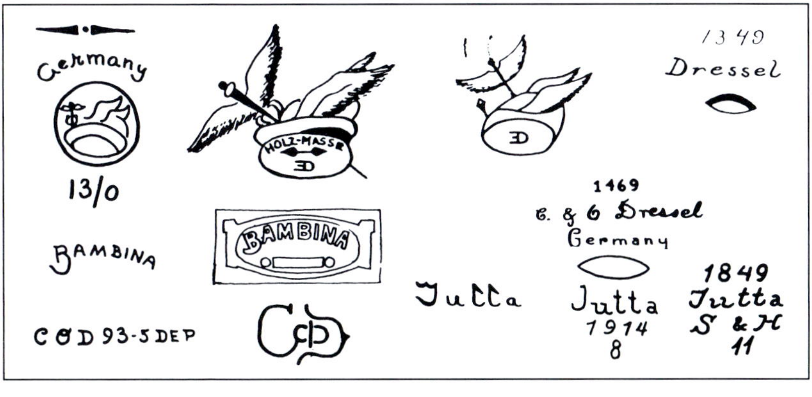

Goebel, Wm. und F. & W.,
Oeslau bei Coburg (gegründet 1867)

Frühe Puppen sind mit einem Dreieck über einem Halbmond signiert. Ab 1900: Krone mit ineinander verschlungenem ›W.G.‹.

Handwerck, Heinrich,
Waltershausen (gegründet 1885)

Zusammenarbeit mit Simon & Halbig, Gräfenhain. Entwicklung und Herstellung von qualitativ hochwertigen Kugelgelenkkörpern. 1902: Tod von Heinrich Handwerck und Verkauf der Firma an Kämmer & Reinhardt.

Modelle mit Namen wie: ›Bébé Cosmopolite‹, ›Bébé Superior‹ oder ›Bébé De Réclame‹.

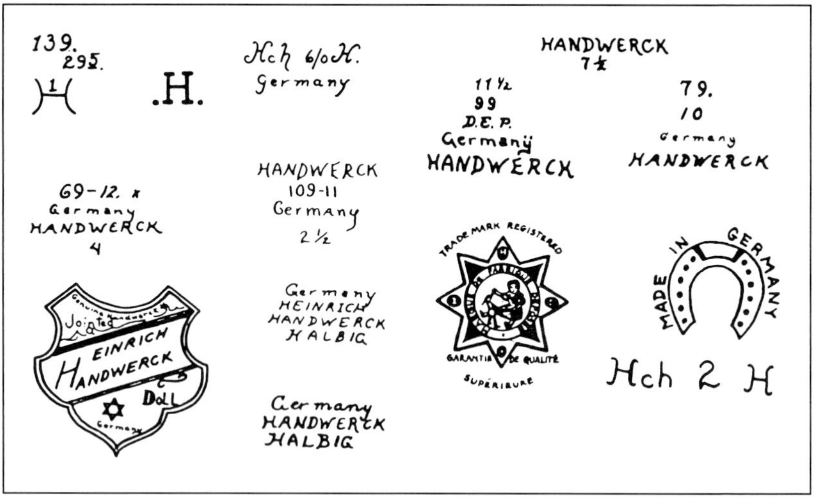

Handwerck, Max,
Waltershausen (gegründet 1899)

›Bébé Elite‹, Biskuitköpfe von F. & W. Goebel. 1915: geschützte Serie internationaler Soldatenköpfe, Marke ›Elite‹.

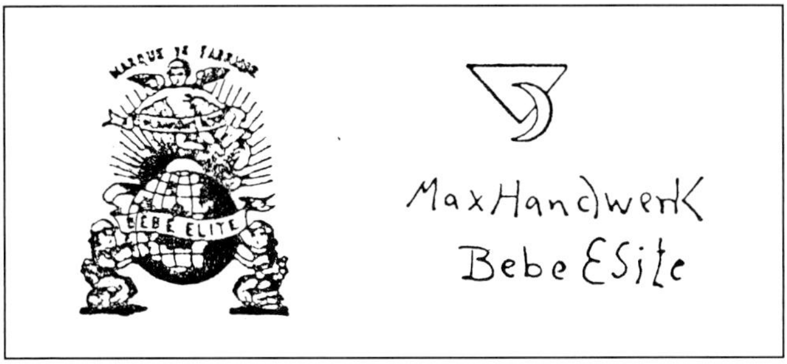

Hertel, Schwab & Co.,
Stutzhaus (gegründet 1910)

Besonders helle und feine Biskuitporzellan-Köpfe, auffallend blaue gemalte Augen oder graublaue Glasaugen, schwungvoll gemalte Augenbrauen. Viele Jungen- oder Baby-Typen, oft nur mit einer Nummer aus der 100er Reihe markiert. Früher fälschlicherweise oft Kestner zugeschrieben. Die Puppe mit der Serien-Nr. ›149‹ (Glasaugen) gilt als Sammlerrarität. Ungewöhnlich und selten auch die Charakterpuppe mit Vollkopf aus Biskuitporzellan, Halsmarke ›175‹, mit einem linken gemalten Auge, das blinzelt, und einem rechten Glas-Schielauge.

Kley & Hahn bezog von Hertel, Schwab & Co. viele Babymodelle. Für USA wurde ›Bye-Lo-Baby‹ hergestellt.

Heubach, Ernst,
Köppelsdorf (gegründet 1877)

Signierte mit einem Hufeisen, ›E H‹ oder ›Heubach-Köppelsdorf‹. Vor allem bekannt durch farbige Babypuppen. 1919: Zusammenschluß mit Armand Marseille (›Vereinigte Köppelsdorfer Porzellanfabriken‹).

Hertel, Schwab & Co., Stutzhaus, um 1912; Serien-Nr. 152, Charakterpuppe, Biskuitporzellan-Kurbelkopf, offener Mund, 32 cm (links); Serien-Nr. 149, Charakterpuppe, Biskuitporzellan-Kurbelkopf, geschlossener Mund, Glasaugen, Sitzbabykörper mit beweglichen Handgelenken, 37 cm (rechts).

Gebr. Heubach, Lichte, Charakterpuppe, Biskuitporzellan-Kurbelkopf, geschlossener Mund, gemalte Augen, 20 cm.

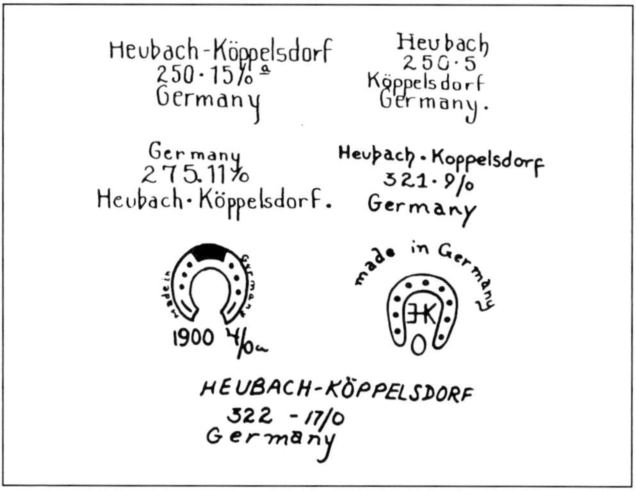

Heubach, Gebrüder,
Lichte (gegründet 1804)

Zunächst nur Herstellung von Geschirr und Kleinfiguren. Erst ab 1910 Puppenherstellung. Typisch für Heubach-Köpfe sind gemalte, vertiefte Augen (›Intaglio-Augen‹). Eine große Vielfalt an Charakterpuppen: Modelle, die lachen, weinen, pfeifen, schmollen... – Serien-Nr. ›6969‹ (›Pouty‹). Halsmarken leider oft unleserlich; es wurde auch ein grüner Stempel ›Made in Germany‹ verwandt. Eingetragene GM (Geschmacksmuster), auch mit Zusatz ›dep‹.

Besonderheit der Gebr.-Heubach-Köpfe: viele Serien haben eine durchgefärbte rosa Biskuitmasse. Bei einigen Charakterkopfserien befindet sich am Halsende des Kurbelkopfes eine gegossene Porzellanöse.

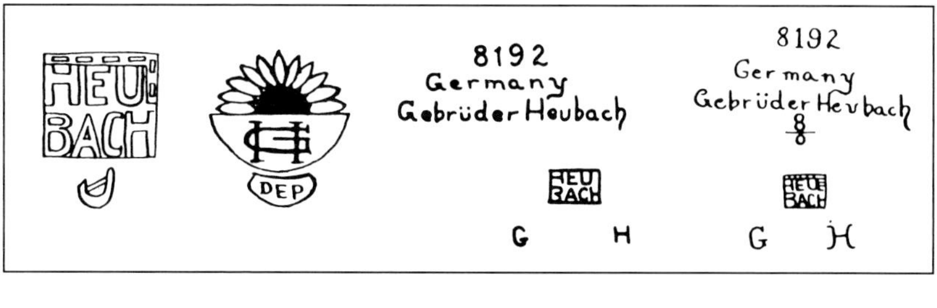

Kämmer & Reinhardt,
Waltershausen (gegründet 1885)

1903: Markenzeichen ›Mein Liebling‹ geschützt.

Ab 1909 Herstellung einer berühmten Serie von Charakterpuppen mit den Nrn. 100 bis 131. Köpfe von Simon & Halbig. Diese sogenannte ›100er‹-Serie ist von Sammlern sehr gesucht.

Häufig findet man noch die Nr. ›126‹ (›Mein Lieblingsbaby‹, wurde von 1914 bis in die 30er Jahre hergestellt).

1920: Kauf der Porzellanfabrik von Simon & Halbig.

Eine Auswahl bekannter Typen aus der Charakterserie:

100: Baby, auch als Neger oder orientalisch, fälschlicherweise oft als ›Kaiserbaby‹ bezeichnet

101: ›Peter‹ und ›Marie‹, gemalte Augen, geschlossener Mund, selten mit Glasaugen

102: ›Elsa‹ und ›Walter‹, in Amerika ›Sir Josef‹ genannt

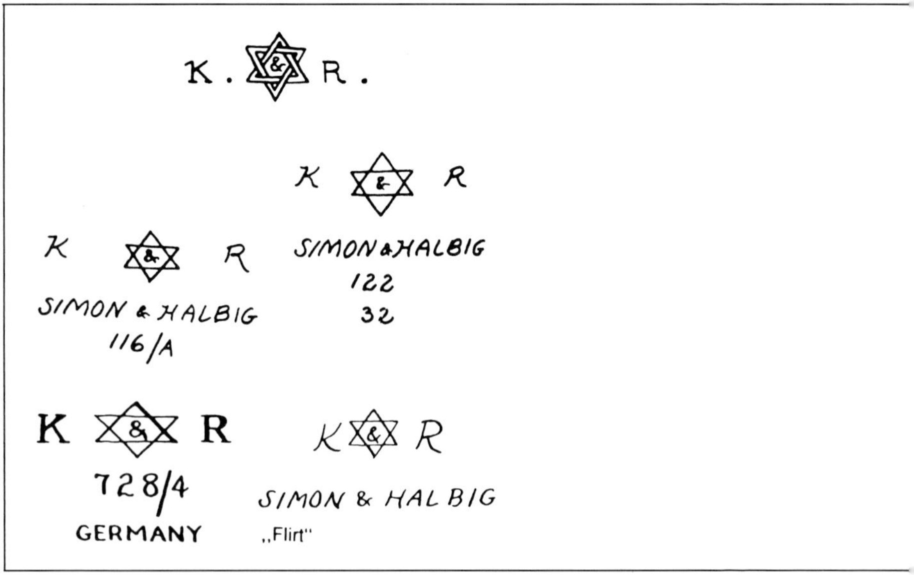

107: ›Karl‹, offen-geschlossener Mund, gemalte Augen
109: ›Elise‹, etwas lächelnder, geschlossener Mund, gemalte Augen oder Glasaugen
112: gemalte Augen, offen-geschlossener Mund mit zwei gemalten Zähnen
114: ›Hans‹ und ›Gretchen‹, gemalte Augen oder Schlafaugen, geschlossener Mund
115: Vollkopf, Schlafaugen, geschlossener Mund, genannt ›Philip‹
115 A: Schlafaugen, geschlossener Mund, Perücke, genannt ›Philip‹
116: Vollkopf, Schlafaugen, offen-geschlossener Mund
116 A: Schlafaugen, offen-geschlossener Mund oder offener Mund, Perücke
117: ›Mein Liebling‹, Glasaugen, geschlossener Mund (1915)
117 A: Glasaugen, geschlossener Mund
123 u. 124: Max und Moritz, lachender / geschlossener Mund (1913)

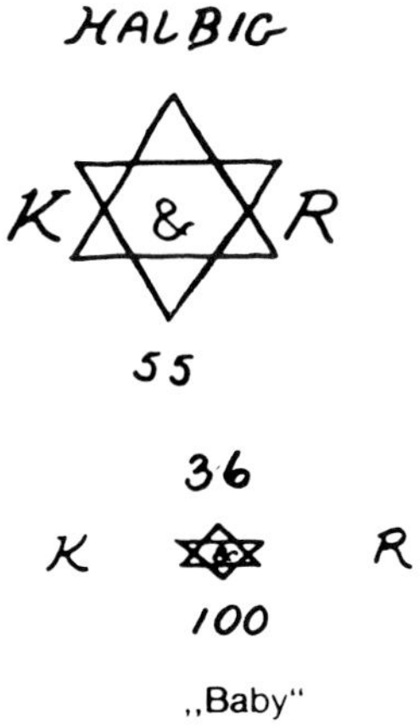

„Baby"

1903

1904–1906

Kämmer & Reinhardt/ Simon & Halbig, Serien-Nr. 126, ›Mein Lieblingsbaby‹, Biskuitporzellan-Kurbelkopf, offener Mund, Gelenkkörper, 60 cm. Der Kopf dieser Serie wurde von 1914 bis in die 30er Jahre hinein hergestellt.

Oben: Kämmer & Reinhardt/ Simon & Halbig, Serien-Nr. 117 A, GM-Eintragung 1911, Charakterpuppe, Biskuitporzellan-Kurbelkopf, geschlossener Mund, Gelenkkörper, 68 cm.

Kämmer & Reinhardt/ Simon & Halbig, Serien-Nr. 115, GM-Eintragung 1911, Charakterpuppe, Biskuitporzellan-Vollkopf, geschlossener Mund, 38 cm.

Kestner jun., J. D.,
Waltershausen (gegründet 1820)

Zunächst Herstellung von Gliederpuppen mit Holz- und Papiermaché-Köpfen. 1860: Errichtung einer Porzellanfabrik in Ohrdruf. Viele Patente und Gebrauchsmuster. Frühe, leicht schräg aufgesetzte Brustköpfe, Charakterköpfe mit gemalten Augen. Das ›Wunderkind‹ (drei auswechselbare zusätzliche Köpfe) und ›Hilda‹ sind gesuchte Sammelobjekte.

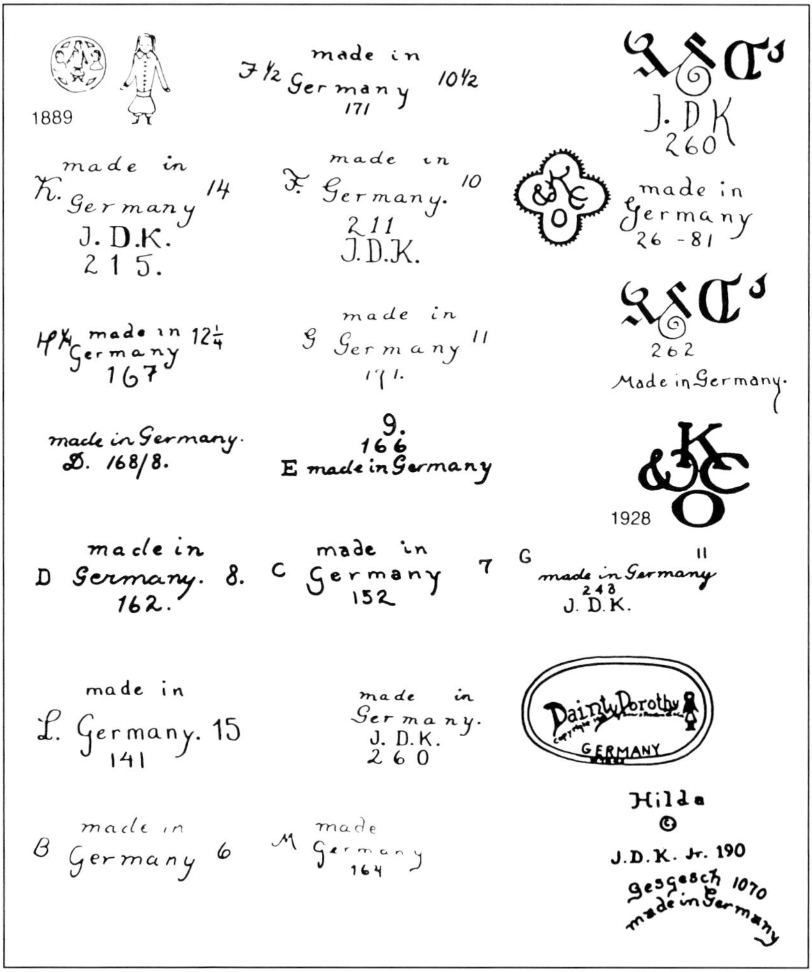

J. D. Kestner jr., Serien-Nr. 211, um 1912, Charakterpuppe, Biskuitporzellan-Kurbelkopf, offen-geschlossener Mund, 42 cm.

J. D. Kestner jr., Serien-Nr. 257, um 1916, Biskuitporzellan-Kurbelkopf, offener Mund, 41 cm.

Kley & Hahn,
Ohrdruf (gegründet 1902)

Ab 1910 auch Charakterpuppen. 1911: Zwei-Gesichter-Baby, Halsmarke 159. Baehr & Proeschild, Hertel, Schwab & Co. sowie Kestner gossen Porzellanköpfe für Kley & Hahn.

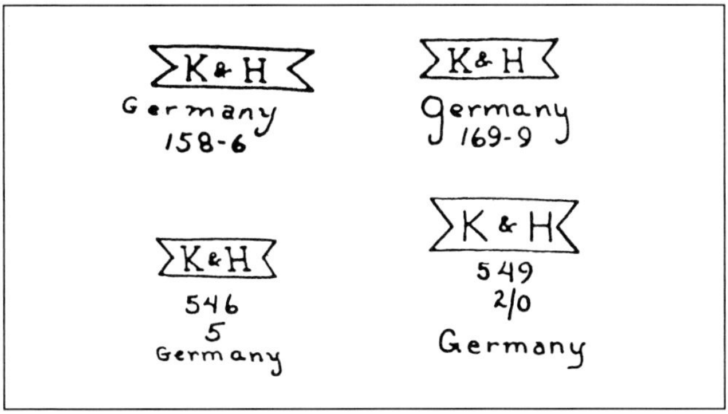

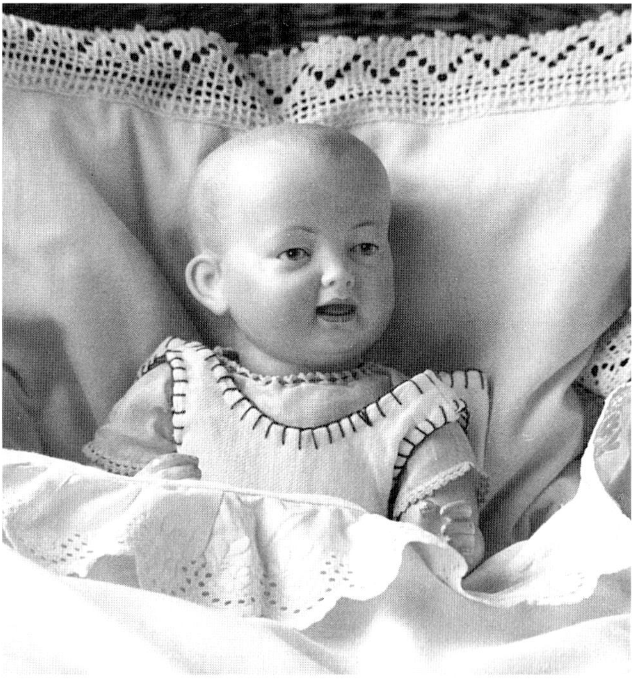

Hertel, Schwab & Co. für Kley & Hahn, Serien-Nr. 138, um 1912, Charakterbaby, Biskuitporzellan-Kurbelkopf (Vollkopf), offen-geschlossener Mund, 32 cm.

Kling, C. F. & Co.,
Ohrdruf (gegründet 1834)

Besonderheit: Biskuitköpfe mit kunstvoll modellierten Frisuren, Blumen und Geschmeiden sowie anmodellierten Blusenteilen. Kopfbedeckungen wurden direkt anmodelliert und gegossen. Frühe Köpfe tragen nur die 100er Serien-Nr., ab 1880 ›Kling-Glocke‹ als Halsmarke.

Koenig & Wernicke,
Waltershausen (gegründet 1912)

Qualitätsvolle Waltershausener Puppenkörper. Biskuitporzellan-Puppenköpfe wurden für Koenig & Wernicke von Hertel, Schwab & Co., Baehr & Proeschild und Armand Marseille hergestellt. Babypuppen mit ›Cellowachs‹-Köpfen (Rohlinge von ›Schildkröt‹), Reflex-Augen, auch Hartgummiköpfe im Programm.

Marseille, Armand,
Köppelsdorf (gegründet 1885)

Zunächst Herstellung von Porzellanpfeifen und Reservistenkrügen. War vermutlich zu Beginn des 20. Jahrhunderts der größte Porzellan-Puppenkopf-Hersteller der Welt. Zu den bekanntesten Serien gehören die Nr. ›370‹ (Brustkopf) und Nr. ›390‹ (Kurbelkopf). Viele Köpfe tragen Mädchennamen wie ›Alma‹, ›Florodora‹, ›Baby Phyllis‹ usw. Von Sammlern gesuchte Charakterpuppe: ›Fany‹. 1925: ›My Dream Baby‹, Kopf in verschiede-

Porträt einer unsignierten Brustkopf-Puppe, um 1890, wahrscheinlich von C. F. Kling & Co., Ohrdruf, Belton-Typ (geschlossener Biskuitporzellankopf), Stoffkörper, Biskuitunterarme und -hände, 72 cm.

Koenig & Wernicke, Biskuitporzellan-Kurbelkopf, offener Mund, Gelenkkörper, 65 cm.

nen Größen, mit offenem oder geschlossenem Mund, auch als Neger, Mulatte oder Orientale. 1919: Zusammenschluß mit Ernst Heubach (neue Firmenbezeichnung: ›Vereinigte Köppelsdorfer Porzellanfabriken‹).

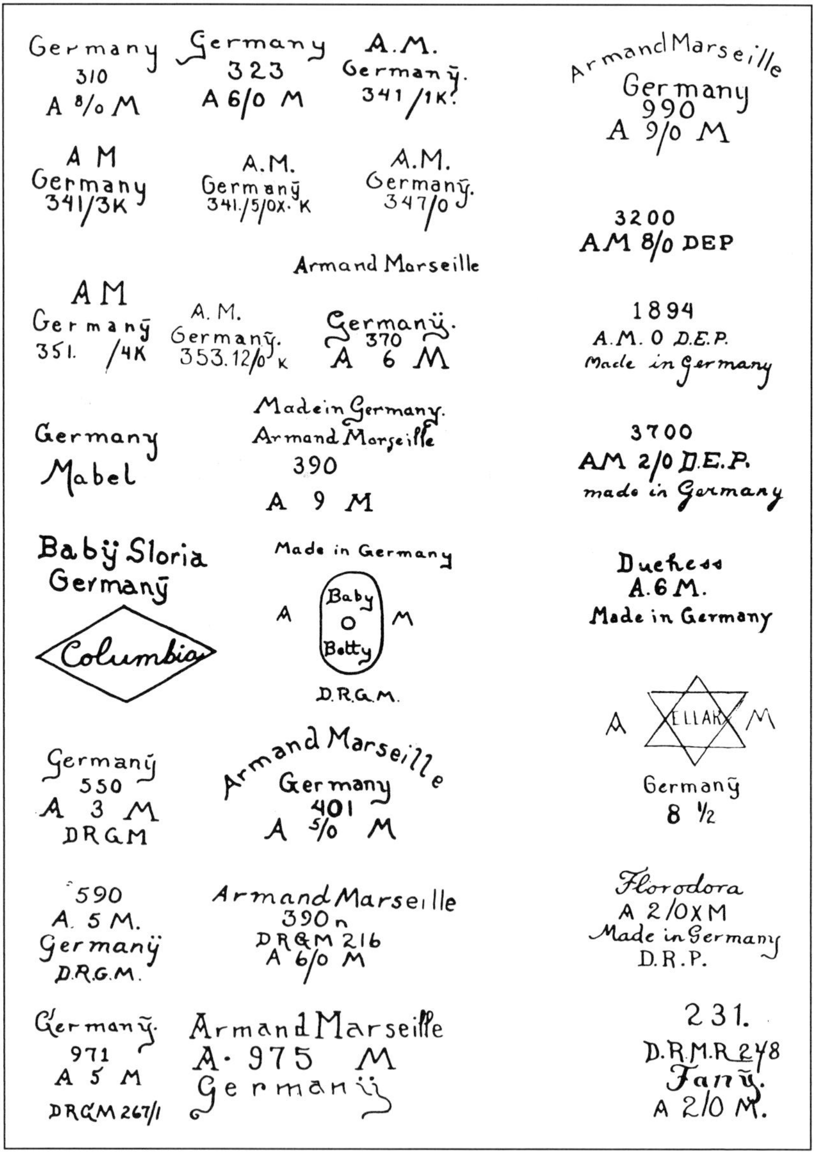

Armand Marseille, Serien-Nr. 370, um 1900, Brustkopf aus Biskuitporzellan, offener Mund, Lederkörper, Unterarme und Hände aus Celluloid, 45 cm.

Armand Marseille, Serien-Nr. 231, D.R.G.M. 248, ›Fany‹, um 1912, Charakterpuppe, Biskuitporzellan-Kurbelkopf, geschlossener Mund, Toddlerkörper, 34 cm.

Armand Marseille, Serien-Nr. 390 (einer der häufigsten Puppenköpfe, Herstellung von 1900 bis 1938), Biskuitporzellan-Kurbelköpfe, offener Mund, Gelenkkörper, 34 und 52 cm groß.

Simon & Halbig,
Gräfenhain (gegründet 1869)

Zu Beginn der Produktion Brustköpfe mit modellierten Frisuren und Schleifen. Ab 1902 Zusammenarbeit mit Kämmer & Reinhardt: Puppenköpfe mit den Markenzeichen ›K & R S & H‹ sind keine Seltenheit. Sehr erfolgreich: Charakterpuppen der 100er Serie, die von Simon & Halbig für Kämmer & Reinhardt gegossen wurden. Sehr selten ist die Charakterpuppe ›150‹ von Simon & Halbig, die große Ähnlichkeit mit der Serien-Nr. ›107‹ (Karl) hat.

Aber auch Simon & Halbig-Puppen wie die Nr. ›1448‹, manchmal mit gleicher Modellierung auch mit ›IV‹ gekennzeichnet, gehören zu den besonders gesuchten Sammlerpuppen.

Viele Puppenhersteller verwendeten Simon & Halbig-Puppenköpfe. Sie wurden auch für den französischen Markt hergestellt.

1920: Verkauf der Porzellanfabrik an Kämmer & Reinhardt.

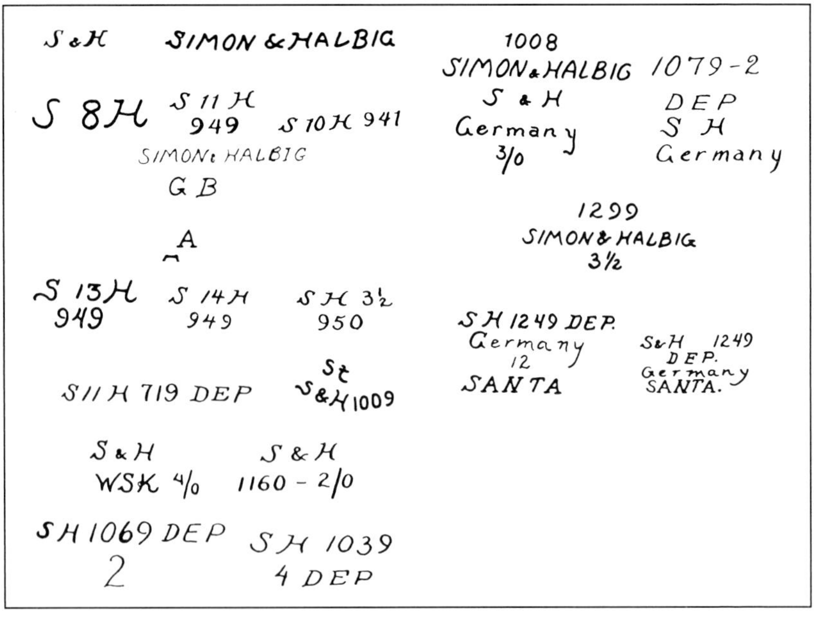

Simon & Halbig, Serien-Nr. 1160, GM-Eintragung 1894, in USA als ›Little woman‹ bekannt, Brustkopf aus Biskuitporzellan, 17 cm.

Simon & Halbig, um 1900, Biskuitporzellan-Kurbelkopf, offener Mund, Gelenkkörper, 19 cm.

Simon & Halbig, Serien-Nr. 1397, um 1915, Charakterpuppe, Biskuitporzellan-Kurbelkopf, offener Mund, Gelenkkörper, 52 cm.

Simon & Halbig, Serien-Nr. 1294, um 1912, Charakterbaby, Biskuitporzellan-Kurbelkopf, Uhrwerk-Augen (kann die Augen mechanisch hin und her bewegen), offener Mund, 62 cm.

Schmidt, Franz & Co.,
Georgenthal (gegründet 1890)

1902: Laufpuppe (konnte vier bis sechs Minuten laufen). Frühe Puppen sind signiert mit ›S & C‹, ein Markenzeichen, das lange nicht zugeordnet werden konnte.

Die Porzellanköpfe ließ die Firma bei Simon & Halbig gießen. 1913 waren u. a. 120 Baby-Serien im Programm.

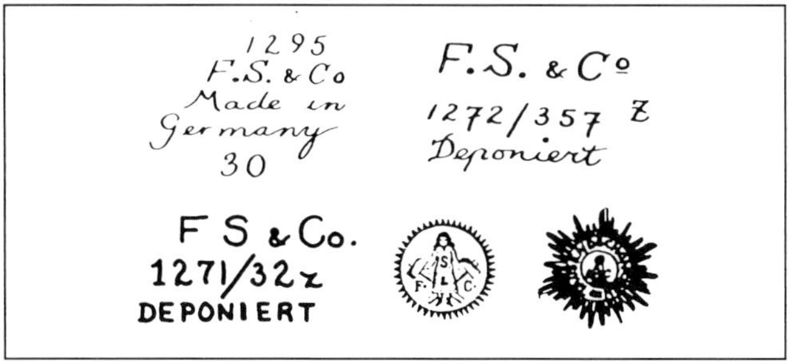

Franz Schmidt & Co., Marke: ›S & C‹, Biskuitporzellan-Kurbelkopf, offener Mund, Googliekörper, 23 cm.

Schoenau & Hoffmeister,
Burggrub (gegründet 1901)

Bekannte Puppenköpfe mit Namen wie ›Carmencita‹, ›Hanna‹, ›Princess Elizabeth‹ usw.

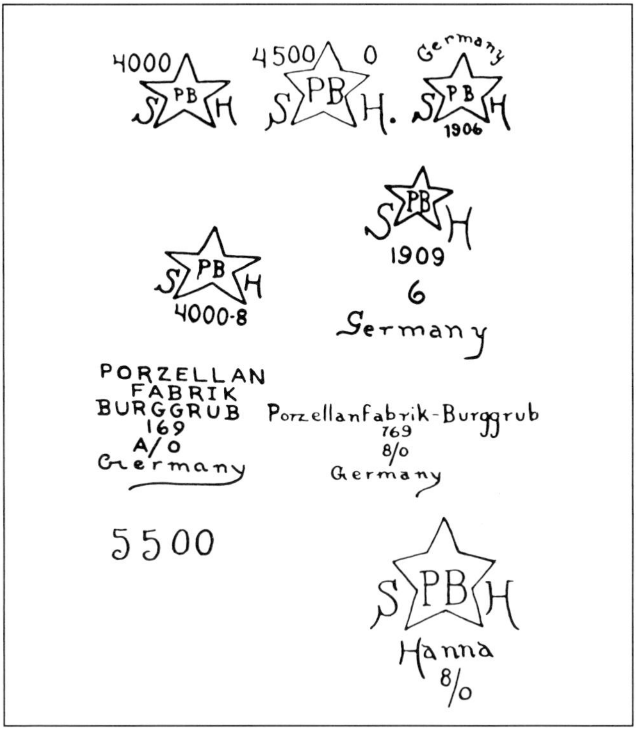

Französische Hersteller von Porzellankopfpuppen – eine kleine Auswahl

Bru, Casimir,
Paris (gegründet 1867, 1899 von S.F.B.J. übernommen)

Zahlreiche Patente für vollbewegliche Puppen. Zwei-Gesichter-Puppen, Baby-Puppen, um 1880 ›Bébés‹ – mit besonders schönen großen Paperweight-Augen. Exklusivste französische Puppenmacherfirma.

Porträtaufnahme einer französischen Charakterpuppe der Firma Casimir Bru, Paris, um 1880.

Danel & Cie.,
Montreuil-sous-Bois (gegründet 1889)

Bevor er sich selbständig machte, war Danel Direktor bei Jumeau. Eine seiner bekanntesten Puppen: ›Paris Bébé‹ (sogenanntes ›jüdisches Mädchen‹).

Gaultier, François et Frères
Saint Maurice (gegründet 1860, 1899 von S.F.B.J. übernommen)

Gaultier stellte schon früh Prozellanköpfe von beachtlicher Qualität her – u. a. auch für Jumeau. Bekannt durch Modepuppen damenhaften Typs. Die meisten Köpfe waren als Kurbelbrustköpfe (›Swivel-head‹) konzipiert.

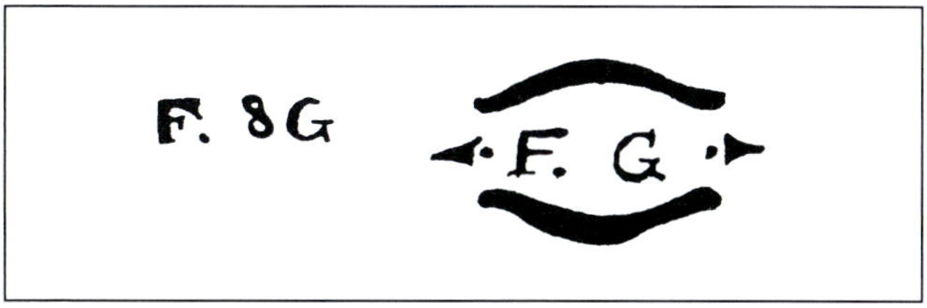

François Gaultier, um 1890, Kurbelbrustkopf (›Swivel-head‹) aus Biskuitporzellan, geschlossener Mund, Stoffkörper, Unterarme und Hände aus Biskuitporzellan, originale Schuhe, signiert ›F R‹ (Falck & Roussel), 50 cm.

Huret, Adelaine Calixte,
Paris (gegründet 1812)

Herstellung von exklusiven, vor allem damenhaften Puppen mit Holzkörpern und Bleihänden (um eine bessere Haltbarkeit der Hände zu gewährleisten).

Huret-Puppen haben häufig ein leichtes Doppelkinn. Signatur: ›HURET‹.

Jumeau, Pierre François et Émile,
Paris und Montreuil-sous-Bois
(gegründet 1842, 1899 von S.F.B.J. übernommen)

Bekannteste und größte französische Puppenfirma, die zahlreiche Medaillen und Patente erhielt. Puppen in vierzehn verschiedenen Größen – bis zu einem Meter. Sämtliche Zubehörartikel in Eigenproduktion hergestellt. Eine der seltensten Puppen ist ›JUMEAU TRISTE‹ oder ›Long-Face‹-Jumeau genannt.

Steiner, Jules Nicolas,
Paris (gegründet 1855)

Steiners Hauptinteresse galt der Mechanik, da er von Beruf Uhrmacher war. Zahlreiche Patente für sprechende und mechanische Gelenkpuppen. Ab 1890 waren besonders Puppen mit offenem Mund gefragt, daher haben Steiner-Puppen im allgemeinen zwei Zahnreihen (galt damals als besonderes Qualitätszeichen). Hände und Füße der Steiner-Puppen haben eine Besonderheit: Gleich lange Finger und eine große Zehe, die nicht mit den anderen Zehen verbunden ist. Außerdem sind die Kopfdeckel nicht aus Kork wie bei den Puppen anderer französischer Hersteller, sondern aus Papiermaché, das eingefärbt wurde.

Celluloid-Puppen

Seite 95:
Puppenjunge, Tortulon, Signierung: ›Schildkröt‹ (›T 45‹ – Modell Käthe Kruse), gemalte Augen, ca. 1955, 45 cm.

Im Bett: ›Bebi‹, 1910, Celluloidkurbelkopf ohne Raute, lächelnder, offen-geschlossener Mund mit modellierter Zunge, gemalte Augen, leicht modellierte Haarbemalung, Sitzbaby-Körper aus Celluloid, 28 cm; stehend: Puppe mit Brustblattkopf ›Schildkröte mit Raute‹, ›9‹, ca. 1927, geschlossener Mund, gemalte Augen, modellierte Haare mit Haarband und Schleife, Lederkörper, Holzunterarme, 40 cm.

Schon im vorigen Jahrhundert suchte man nach neuen, dauerhaften und unzerbrechlichen Materialien für die Puppenherstellung. Der Kunststoff Celluloid wurde schon Mitte des 19. Jahrhunderts von einem Chemiker in den USA entdeckt. Seine kommerzielle Verwendung bzw. Herstellung begann 1869.

Celluloid, bestehend aus einem Gemisch von Nitrocellulose und Kampfer, diente zur Herstellung zahlreicher Artikel, die sonst z. B. aus Horn, Hartgummi oder Elfenbein angefertigt worden waren.

Von den verschiedenen Nitrocellulosen war nur die in Ätheralkohol lösliche und hiernach als Kollodiumwolle bezeichnete Form verwendbar. Feines Seidenpapier wurde in besonderen Maschinen zu kleinen Fetzen zerrissen, die anschließend in ein Gemisch von konzentrierter Salpeter- und Schwefelsäure kamen. Nach der Nitrierung wurde mit Wasser jegliche Säurespur entfernt. Danach wurde die Feuchtigkeit herausgepreßt. Die trockene Nitrocellulose wurde mit dem Kampfer durch Mahlen vermischt und die Mischung durch den Zusatz flüssiger Lösungsmittel zu einer gummiartigen Konsistenz gebracht. Nach diesem Vorgang wurde das Material, nach Hinzugebung der nötigen Farbstoffe, gewalzt und in hydraulischen Pressen unter hoher Temperatur einem starken Druck ausgesetzt. Aus den Pressen kam die Celluloidmasse in Form von Blöcken. Die Celluloidmasse mußte – je nach Gebrauchszweck – wochen-, monate- oder sogar jahrelang in Trockenhäusern härten. Sie war stark explosiv, so daß es immer wieder zu Brandunglücken kam.

Celluloid wurde wegen seiner hygienischen Eigenschaften und seiner relativen Leichtigkeit bereits um 1880 versuchsweise für die Puppenherstellung verwandt. In Deutschland beherrschte die ›Rheinische Gummi- und Celluloidwaren-Fabrik‹ in Mannheim-Neckarau den Markt. Sie war 1873 gegründet worden und war seit 1895 mit der Herstellung von Puppen beschäftigt. Die ›Schildkröte‹, ihr Markenzeichen, wurde weltberühmt.

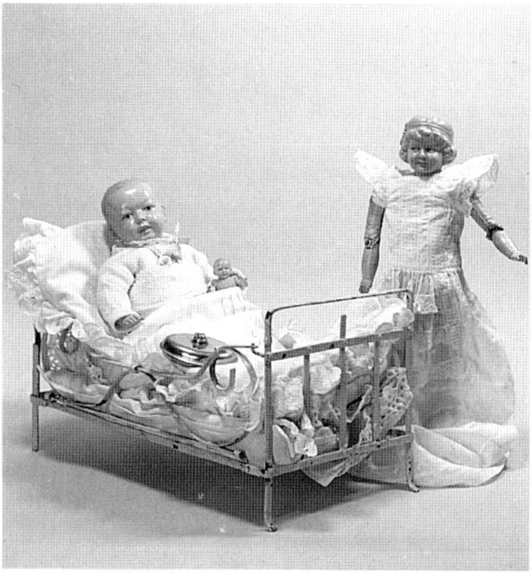

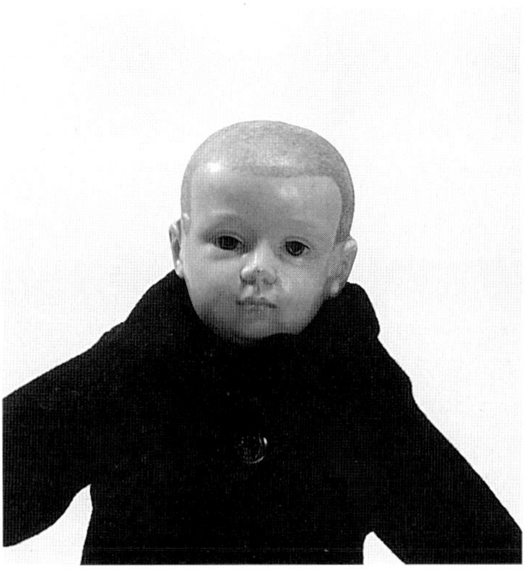

Oben:
Infanterist, ›Schildkröt‹, Kurbelkopf aus Celluloid, GM-Eintragung 1916, Körper aus Pappe, Filzbekleidung, 24 cm.

Links:
Rheinische Gummi- und Celluloidwaren-Fabrik: ›Schildkröte ohne Raute‹, Brustblattkopf, Sign. ›11‹, Künstler-Knabenkopf, registriert 1910, Lederkörper, 37 cm.

Werner Schroeder schreibt: »1898 kamen die ersten Versuche auf, Puppenaugen aus Glas in die Celluloidfassung zu bringen, aber der Versuch mißlang. Celluloid-Kurbelköpfe konnte man in dieser Zeit fast nur mit gemalten Augen herstellen, weil das Einsetzen gläserner Augen von unten her, in Folge der hier vorhandenen nur kleinen Öffnung, sehr schwierig und das Anbringen beweglicher Augen, sogenannter Schlafaugen, unmöglich war. Die Fabrikationsprobleme wurden durch ein Patent vom 3. Oktober 1899 gelöst.

Um bei Puppenköpfen mit modellierter Frisur von oben her bewegliche Augen einzusetzen, ist nach dieser Erfindung die aus Celluloid hergestellte Frisur abnehmbar gestaltet. Durch die Elastizität des Celluloids wird die Frisur wie der Deckel einer Schachtel über den oben offenen Kopf geschoben ...«

Die Firma ›Schildkröt‹ belieferte zahlreiche Puppenfabriken – so z. B. Kämmer & Reinhardt, J. D. Kestner jr. und Koenig & Wernicke. Sie produzierte auch etliche Puppen der Charakterserie von Kämmer & Reinhardt in Celluloid. Sehr selten ist z. B. die Serien-Nr. 717 mit dem geschlossenen Mund zu finden.

Im weißen Kleid: Puppe mit Brustblattkopf, ›Schildkröte mit Raute‹, offener Mund, Perücke, Wachstuchkörper, Kugelgelenkarme, 35 cm, Puppe mit Hund: Kämmer & Reinhardt, Serien-Nr. 406, ›Schildkröte ohne Raute‹, um 1910, Celluloid-Kurbelkopf, offener Mund, Schlafaugen, Mohairperücke, Kugelgelenkkörper aus Celluloid (selten!), 39 cm.

Negerpuppen, von links nach rechts, hintere Reihe: ›Mambi‹-Pärchen 1948, ›Schildkröte mit Raute‹, Kurbelköpfe, Mädchen mit Perücke: 34 cm, Junge: 39 cm (anmodellierte, krause Haare); Negermädchen ›Schildkröte mit Raute‹, Kurbelkopf, Perücke, 34 cm; vordere Reihe: Negermädchen mit Ohrringen, Kopf und Körper in einem Stück, Marke ›CELLBA‹ (Celluloidwarenfabrik Babenhausen), 20 cm; Marke ›Adlerkopf‹, Petitcolin, Frankreich, 28 cm. Diese Puppen wurden nackt oder in ›Gala‹, mit Bastrock, Perlenkette und Ohrringen, angeboten.

Ob mit matter Oberfläche und extra stark, mit Spezial-Frisur zum Baden, mit auswechselbaren Köpfen, als Lacher- oder Weiner-Puppen, als Verwandlungsbaby, Tierpuppen, Kolonialpuppen oder als Happy Hooligan's, plastisch gemalt, – die Entwicklung der Celluloidpuppen-Industrie verlief sehr stürmisch. Immer wieder gab es neue Patente – so z. B. 1926 die Eintragung des Warenzeichens ›Miblu‹ für Puppen, die aus transparentem, wachsartigem Celluloid hergestellt wurden – ›wie Milch und Blut‹.

Das Warenzeichen ›Miblu‹ wurde auch von den Waltershausener Firmen Kämmer & Reinhardt und Koenig & Wernicke verwandt.

Besonders bekannt sind auch die zwischen den 30er und 50er Jahren unseres Jahrhunderts von der ›Rheinischen‹ hergestellten Erfolgsmodelle Hans, Bärbel, Inge, Christel und Strampelchen – alles Puppen mit der ›Schildkröte‹.

Celluloid hat trotz seiner leichten Abwaschbarkeit und der damit gegebenen hygienischen Vorteile auch erhebliche Nachteile: Es ist lichtempfindlich, wird im Laufe der Zeit brüchig, verfärbt sich leicht bräunlich – und vor allem ist es feuergefährlich. Aus diesen Gründen verlor das Material an Beliebtheit. Ein kleiner Pflegetip: Das Celluloid zumindest einmal jährlich mit einer Fettcreme leicht einreiben.

Unter der Bezeichnung ›Tortulon‹ kam in den 50er Jahren dann ein neues, nicht mehr feuergefährliches, jedoch dem Celluloid ähnliches Material auf den Markt.

Auf der Suche nach robusteren Puppenköpfen stellte die Firma Buschow & Beck, Nossen/Sachsen, schon vor der Jahrhundertwende Metallpuppenköpfe unter der Schutzmarke ›Minerva‹ her. Oft erhielt der Blech- oder Messingkopf einen Celluloidüberzug – als Schutz gegen mögliches Verrosten –, wodurch die Puppengesichter aber auch natürlicher wirkten.

Metall-Brustkopf, ›MINERVA‹, Buschow & Beck, um 1920, Celluloidüberzug, modellierte Haare, offener Mund, Glasaugen, Wachstuchkörper, 50 cm.

Babypuppe um 1925, Celluloid-Kurbelkopf, Halsmarke: Helmzeichen ›11‹, Körper-Marke: Helmzeichen ›56‹ (›MINERVA‹ – Buschow & Beck), offen-geschlossener Mund mit zwei oben anmodellierten Zähnen, blaue, gemalte Augen, modellierte Haare, stark ausmodellierte Hände und Füße, 56 cm.

Celluloid-Fabriken, die Puppen herstellten – eine kleine Auswahl

Buschow & Beck,
Nossen

MINERVA
Schutzmarke

Ab 1890 bis in die 30er Jahre hinein Herstellung einer Vielzahl von Puppen: Charakterpuppen-Modelle, Metallpuppenköpfe usw.

Cellba, Celluloidwarenfabrik Schöberl & Becker,
Babenhausen

Ab 1923 bis in die 50er Jahre hinein Herstellung u. a. von Celluloid-Babypuppen in allen Größen, auch Neger- und Mulattenpuppen (Markenzeichen ›Wassernixe‹).

Hermsdorfer Celluloidwarenfabrik,
Berlin-Hermsdorf

Herstellung von Puppen in den 20er Jahren. 1925 wurde eine Gelenkpuppe entwickelt, die das Trinken aus einer am Arm befestigten Flasche nachahmt.

Dr. Paul Hunaeus,
Hannover-Linden

Puppenproduktion von 1890 bis 1930, dann Verkauf der Produktion an ›Schildkröt‹. Besonderheit: Igodi-Drehkopf.

Kohl & Wengenroth,
Celluloidfabrik in Offenbach

1864 gegründet, ab 1907 Herstellung von Celluloidpuppen bis in die 20er Jahre hinein. Stehaufpuppen, darstellend: Kaiser Wilhelm, Hindenburg, Moltke usw. Soldatenpuppen, KOWENKO-Spezialpuppen mit Igodi-Drehkopf.

Rheinische Gummi- und Celluloidwaren-Fabrik,
Mannheim-Neckarau

Produktion von 1873 bis zu Beginn der 60er Jahre. Ab 1895 Herstellung von Puppenköpfen. Schutzmarke ›Schildkröt‹ – mit und ohne Raute. Frühe Exemplare häufig ohne Raute, aber eine Datierung läßt sich auf Grund der Raute nicht sicher vornehmen. Novität 1897: ›unzerbrechliche, farbechte, abwaschbare und schwimmende Puppe‹. 1899: erstmalig Glasaugen (vorher nur gemalte Augen).

Cellba-Celluloid-warenfabrik Schöberl & Becker: Mädchenpuppe mit Kurbelkopf, Ende der 30er Jahre, gemalte Augen, modellierte Haare, 46 cm.

Celluloid-Jungenpuppe, patentierter Drehkopf (Igodi), Sign.: ›P H 35‹ (Dr. Paul Hunaeus), braune Glasaugen, leicht modellierte Haare, um 1927, 35 cm.

Für zahlreiche Puppenfabriken wurden Celluloidpuppen hergestellt, so z. B. auch die Charakterpuppenserie für Kämmer & Reinhardt (ab Serien-Nr. 700).

1926: Eintragung des Warenzeichens ›Miblu‹ für Puppen aus transparentem, wachsartigem Celluloid – ›wie Milch und Blut‹.

Ab den 30er Jahren: Hans und Bärbel, Inge, Christel, Strampelchen, mit modellierten Frisuren.

Patente der Rheinischen Gummi- und Celluloidwaren-Fabrik.

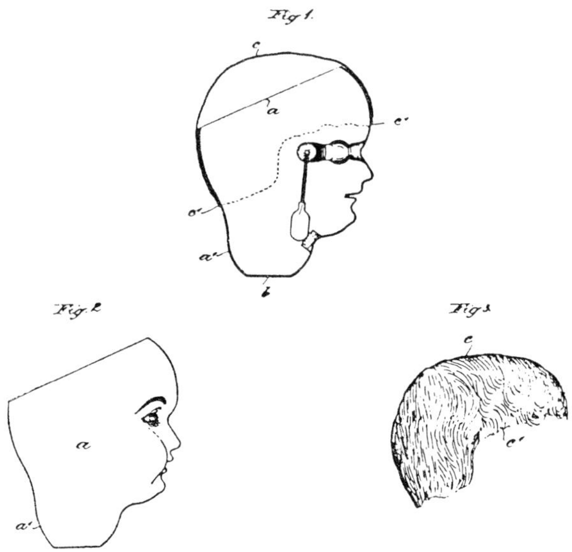

Puppenkopf mit abnehmbarer modellierter Frisur – patentiert 1899

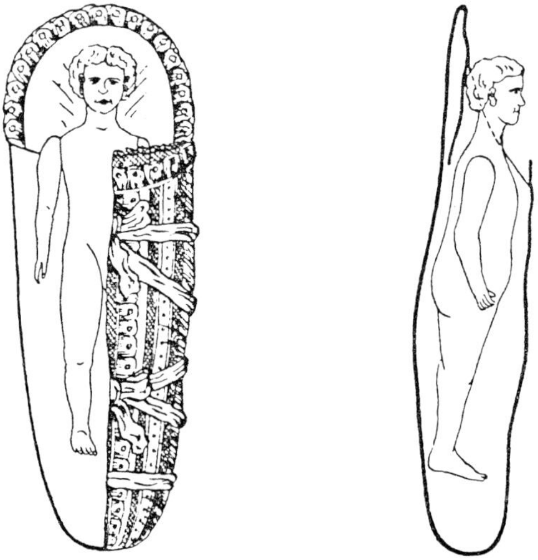

Celluloidpuppe im schwimmbaren Wickelkissen – patentiert 1909

›Kewpie-Boom‹: ›Mädi‹, um 1930, ›Schildkröte mit Raute‹, grotesker Körper mit übergroßen Füßen, Kopf und Beine feststehend, modellierte Haare mit rot-modellierter Schleife, gemalte Augen, 17,5 cm (links); ›Bubi‹, um 1930, ›Schildkröte mit Raute‹, gekleidet als Bräutigam, seine Braut mit modelliertem grünen Schleifenstirnband, beide mit gemalten Augen, jeweils 11,5 cm.

Bruno Schmidt,
Waltershausen

Ab 1914 Aufnahme der Herstellung von Celluloidpuppen. Bekannt: *Das Herzbaby.*

Produziert wurde bis in die 30er Jahre hinein.

Schwäbische Celluloidwarenfabrik,
Mengen

Produktion von 1913 bis in die 50er Jahre hinein. Inhaber war August Haidorfer.

Karl Standfuss,
Deuben

Produktion von 1898 bis in die 30er Jahre hinein. Puppenköpfe der Marke ›Juno‹; ›Kewpies‹ in Celluloid; auch Celluloidpuppen in Gestalt von Tierfiguren mit anmodellierten Kostümen: Bade-Kater, Bade-Mieze, Schützen-Dackel; humoristische Puppen.

Gebr. Wolff, Nürnberger Celluloidwarenfabrik,
Nürnberg

Puppenproduktion von 1912 bis 1919. Kleinpuppen-Herstellung.

›Wie es schnurrt und läuft‹ – Mechanische Puppen und Automaten

Schon lange vor unserem Automatisierungszeitalter wurden sich selbständig bewegende Figuren gebaut – so z. B. eine selbstfliegende hölzerne Taube, vom Mechanikus Archytas von Tarent um 390 v. Chr. erfunden.

Antike Autoren lassen uns wissen, daß 280 v. Chr. der makedonische König Ptolemaios Philadelphos einen Automaten vorführte, der von menschlicher Gestalt gewesen sein soll.

Nicht minder sagenhaft ist das, was von Automaten des Mittelalters erzählt wird. Die eiserne Fliege und der künstliche Adler, beides Schöpfungen von Regiomontanus (1436 – 1476), sind dabei besonders erwähnenswert.

Mechanisches Spielzeug, der Versuch, künstlichen Gebilden den Anschein des Lebens zu geben, scheint schon immer für den Menschen von unwiderstehlicher Faszination gewesen zu sein. Vor allem das 18. Jahrhundert war überaus reich an Erfindungen von Automatenpuppen für Erwachsene.

Große Berühmtheit erlangten die Automaten von Vaucanson aus Grenoble, die er im Jahre 1738 in Paris zeigte: sein Flötenspieler z. B. vermochte zwölf Melodien zu spielen.

Streute man seiner mechanischen Ente Körner hin, so quakte sie, reckte dann den Hals und pickte anschließend das Futter auf, ›verdaute‹ die Körner danach mit Hilfe einer besonderen Flüssigkeit und entleerte sich völlig ›naturgetreu‹.

Seite 107: Autoperipatetikos-Puppe (Selbstläuferin), 28 cm. Patentanmeldung durch Enoch Rice Morrison, New York, 1862. Biskuitporzellan-Brustkopf, modellierte, blonde Haare mit Mittelscheitel und Locken, Pappkörper mit seitlichem Aufzug, Lederarme, Messingstiefel.

Halbautomat: Zusammenklappbare Wiege aus Holz, 32 cm, Handarbeit, mit Biskuitporzellanpüppchen. Die an einem Gewicht befestigte Puppe bewegt beim Wiegen sowohl ihre Arme und Beine als auch ihren Kopf, deutsch, ca. 1890.

Pierre Jaquet Droz (1721 – 1790) und sein Sohn Henri-Louis (1752 – 1791) schufen unter Mitarbeit von Jean-Fréderic Leschot Androiden mit äußerst komplizierten Mechanismen – wie den *Zeichner,* den *Schriftsteller* oder die *Musikerin.* Der *Schriftsteller* hält in der rechten Hand eine Schreibfeder, seine linke Hand liegt auf einem kleinen Tischchen aus Mahagoniholz. Ein Wunderautomat, der so gearbeitet ist, daß der kleine Schreiber jeden gewünschten Text bis zu 40 Buchstaben oder Zeichen zu Papier bringen kann. Das Erstaunliche ist, daß die Augen des Androiden ganz natürlich der Schrift folgen oder auch der Feder, wenn sie in die Tinte getaucht werden muß. Bei einer Vorführung in München war in sauberer Schrift zu lesen: »Hoch lebe die Stadt München!«

Die *Musikerin* (1774) kann fünf verschiedene Melodien auf dem Cembalo spielen. Dabei betätigt sie tatsächlich die 24 Holztasten selbst, indem sie jeden einzelnen Ton auszulösen vermag. Einmalig aber ist, daß die *Musikerin* währenddessen scheinbar atmet.

Edgar Allen Poe bezeichnete die Schöpfungen der Firma Droz als die erstaunlichsten aller Erfindungen. Seit 1909 befinden sich die drei Androiden im ›Musée d'Art et d'Histoire‹ in Neuchâtel.

Erst im 19. Jahrhundert wurden mechanische Puppen auch für Kinder auf den Markt gebracht. Viele Uhrmacher stellten in ihrer Freizeit einfache mechanische Spielkästen her, auf denen sich Puppenfiguren bewegten, wenn man eine Kurbel drehte. Manche haben ein Musikwerk in der Bodenplatte.

Auf Spieluhren findet man häufig Jumeau-Puppen. So gibt es z. B. einen kostbaren Puppensalon, in dem Weihnachten gefeiert wird. Wenn man die Kurbel betätigt, erklingt eine weihnachtliche Melodie, eine Puppe dreht sich tänzelnd im Kreise und eine andere schiebt ihren zierlichen Puppenwagen hin und her.

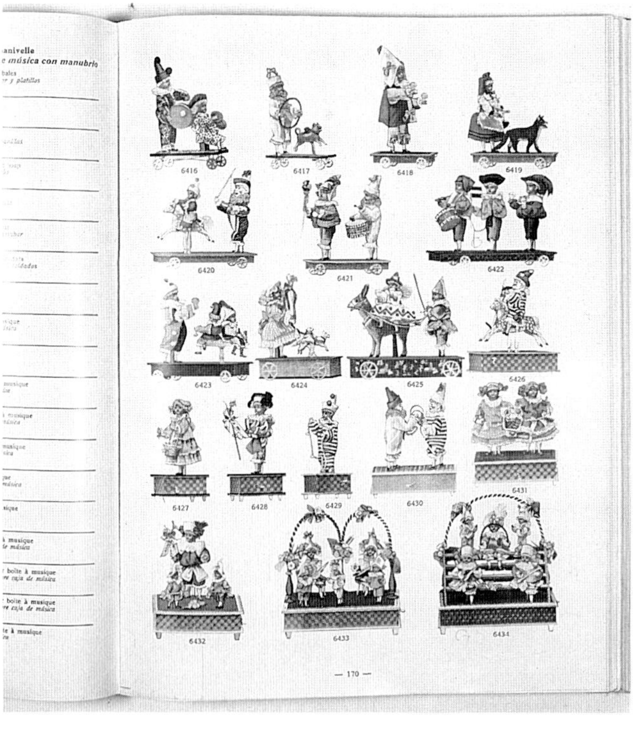

Katalogseite L. Bierer, Fürth: Fahrfiguren mit Trommel und Stürzen, Musikkästen, um 1910.

Interessanter Gehautomat, Brustkopf aus Celluloid, Marke ›Schildkröte mit Raute‹ und ›11‹, ca. 1925, offener Mund mit Zähnen, Körper aus Papiermaché, Puppenschuhe aus schwarzem Metall, Aufziehmechanismus am rechten Oberschenkel, 32 cm.

Auf der Pariser Weltausstellung von 1852 konnte man Polka tanzende Puppen bestaunen. Johann Maelzel, der auch das Metronom erfand, stellte um 1820 die ersten Sprechpuppen her. Er ließ sich seine Erfindung patentieren. Seine Frau erfand 1872 eine Puppe, die mehrere Lieder singen konnte.

1900 stellte auf einer Ausstellung in Paris die ›Sociéte Française de Fabrication des Bébés et Jouëts‹ (S.F.B.J.) Phonographen-Puppen vor. Die Idee wurden zunächst nicht weiter verfolgt, da diese Puppen für eine Massenherstellung zu kostspielig waren.

Die Auswahl an automatischen Puppen war sehr groß. Schon sehr frühzeitig beschäftigte man sich mit Versuchen, Puppen laufen zu lassen, wobei man es mit einem komplizierten Gleichgewichtsproblem zu tun hatte.

Die Autoperipatetikos-Puppe (Selbstläuferin) wurde 1862 in Amerika und Europa patentiert; sie wurde in Schachteln mit aufgedruckter Betriebsanleitung verkauft. Die notwendige Balance beim Gehen wird durch die großen Metallschuhe gewährleistet. In ihrem konischen Pappkörper befindet sich ein Federmotor mit Schlüsselaufzug und Exzenterantrieb.

Im Jahre 1867 warben Roullet & Decamps in Annoncen für »Figuren und Tiere mit Gehwerk. Naturgetreue Schritte und Bewegungen durch völlig neue Verfahrenstechniken«. Die Firma stellte zahlreiche mechanische Spielzeuge menschlicher und tierischer Gestalt her. Jedoch nur selten signierte sie ihre fertigen Fabrikate; lediglich auf den Schlüsseln finden sich manchmal die Initialen ›R. D.‹.

Das Titelblatt des Neujahrskataloges von 1878/79 aus dem ›Maison du Petit Saint Thomas‹ stellt die Schwimmpuppe als das ›Spielzeug des Tages‹ zu 10,75 Francs vor. Während der Pariser Weltausstellung im Jahre 1878 wurde dieses Puppenphänomen, das der Franzose E. Martin patentieren ließ und *Ondine* nannte, den sich um ein Bassin drängenden Schaulustigen vorgeführt.

Katalogseite L. Bierer, Fürth, um 1910.

Ziegenbock mit Blechwagen und Püppchen, vermutlich von Decamps, Paris, um 1870; Ziegenbock aus Papiermaché gefertigt (mit Fell beklebt), Originalschlüssel fehlt.

6324
6325
6326
6327
6328
6329
6330
6331
6332
6333
6334
6335
6336
6340
6337
6338
6339
6341
6343
6342
6344
6345
— 160 —

Schwimmpuppe von Decamps, Paris, um 1880. Wie bei vielen französischen Automatenpuppen fand auch hier der Kopf einer deutschen Manufaktur Verwendung. Der Biskuitporzellankopf mit blauen Paperweight-Augen wurde vermutlich von der Firma Simon & Halbig, Gräfenhain, hergestellt. Der Kork-Körper mit den modellierten Beinen und Armen aus bemaltem Balsa-Holz birgt in sich ein Uhrwerk aus rostfreiem Stahl. Beim Auslösen des Uhrwerks ahmt die Puppe natürliche Schwimmbewegungen nach. Sie kann etwa drei Meter weit schwimmen. Länge der Puppe: 43 cm.

Von Madame Gustave Demoulin wurde sie 1894 wie folgt beschrieben: »Dieses Spielzeug ist von einem sehr gebildeten und einfallsreichen Mann erfunden worden, dessen kleiner Junge eine tiefe Abneigung gegen Wasser zeigte. Er war klug genug, nicht zu versuchen, diesen instinktiven Widerwillen mit Gewalt zu besiegen, und hatte statt dessen die Idee von der Schwimmpuppe, die das Kind mit dem Schwimmen vertraut machen sollte. Als er eines Tages mit seinem Sohn am Ufer des Flüßchens angelte, setzte er die kleine *Ondine* auf das Wasser. Sie erreichte sehr schnell das andere Ufer. Das erstaunte Kind stürzte sich völlig bekleidet ins Wasser und nahm die Verfolgung der Puppe auf. Statt sich über seine Kühnheit zu erschrecken, lachte es; die Furcht war bezwungen...«

Gerade Schausteller ließen sich oft recht außergewöhnliche Dinge einfallen, um ihr Publikum zu faszinieren. Christian Tschuggmall aus Tirol war sogar so berühmt durch seine Automaten, Metamorphosen und

Androiden, daß selbst Kaiser und Fürsten nach ihm und seiner Kunst verlangten. Die Puppentheatersammlung der Stadt München besitzt einige hervorragende Beispiele seines Könnens – so z. B. auch den *Trinker.* Wenn man dessen Mechanismus, der aus verschiedenen Hebeln, einer Kurbel und einer senkrecht nach oben in den Körper ragenden Welle besteht, betätigt, so gießt sich der *Trinker* ein Weinglas voll und hebt es zum Mund. Die Flüssigkeit fließt in einen Behälter, der sich in seinem Brustkorb befindet.

Katalogseite L. Bierer, Fürth: Musikpuppen mit Musikdosen (fein gekleidet), um 1910.

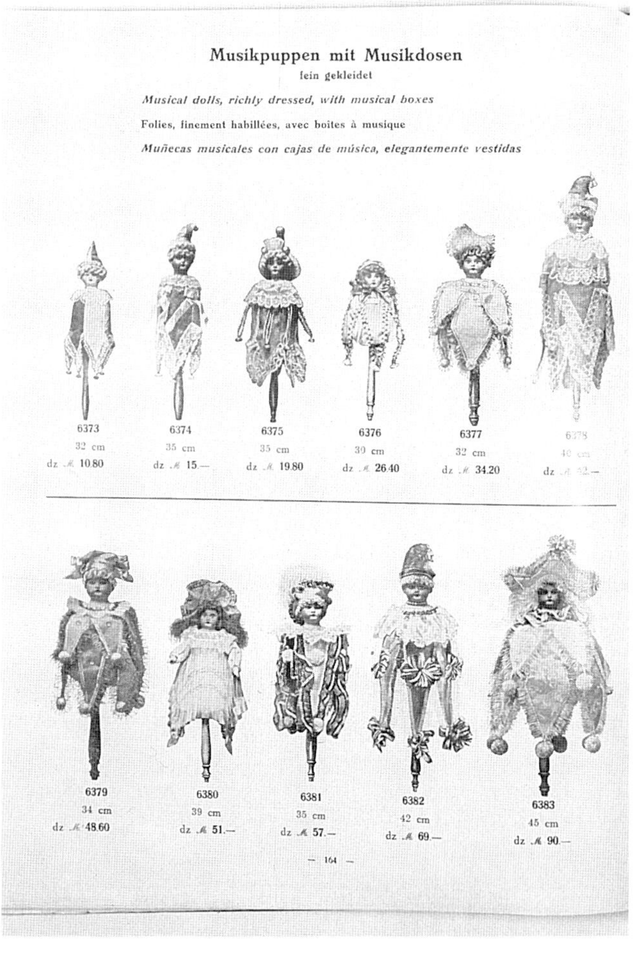

Zur Puppentheatersammlung München gehört auch die *Kinderfrau*. Diese aus Holz und Textil hergestellte Verwandlungsmarionette sollte das Publikum bei Laune halten. Durch das Ziehen eines Fadens ›hüpfen‹ fünf Kinder aus ihrem Körper.

Ferner findet sich dort ein weinendes Mädchen mit Polichinelle (1860/80), ein Automat mit Musikwerk. Die Puppe, den Mund weinend verzogen, führt ein Taschentuch zum Gesicht und zeigt ihren zerbrochenen Polichinelle. Es erklingt traurige Musik. Dieser Puppenautomat wird der französischen Firma Jumeau zugeschrieben, die eine Vielzahl von Automatenpuppen herstellte.

Im Germanischen Nationalmuseum in Nürnberg kann man die Ende des 19. Jahrhunderts hergestellte *Zauberin* sehen. Das Mädchen berührt mit seinem Zauberstab einen würfelartigen Kasten. Der Deckel des Kastens springt auf und ein Kopf erscheint. Er gehört einem der drei Männer, die aus einem kleinen Theater der *Zauberin* zuschauen. Sie bewegt den Stab aufs neue, der Kasten schließt sich wieder und der Kopf kehrt an seinen Platz zurück.

Heute gibt es auch Puppen, die Fieber bekommen, in der Sonne braun werden und im Schatten wieder erblassen, die lachen und schmollen, ›echte‹ Tränen weinen, neun Sprachen sprechen oder schmatzende Küßchen geben. Über mehrere Kilometer soll eine amerikanische Puppe laufen können – preislich für fast jeden erschwinglich.

Doch können solche Puppen Kinder wirklich faszinieren? Lassen sie dem Kind noch genügend Raum für die eigene Phantasie, für eigene Träume?

Die künstlerische Puppenreform zu Beginn des 20. Jahrhunderts

Rechts: Holländer-Puppe ›Knut‹, STEIFF, *›Knopf im Ohr‹, mit beweglichen Kniegelenken (bei Puppen ab 50 cm Größe), 55 cm.*

Steiff-Puppen

Bereits 1889 wurden in einem Ecklädchen in Giengen von Margarete Steiff (1847 – 1909) Spielwaren aus Filz zum Verkauf angeboten. Auf der Leipziger Messe im Jahre 1903 stellte die Firma Steiff den ersten Teddybären vor. Laut Messekatalog wurden für das Dutzend Bären 96 Mark verlangt.

1905 wurde der Knopf im Ohr als Warenzeichen eingetragen und zwar zunächst einen Elefanten mit S-förmigem Rüssel darstellend. Das kleine Nickelknöpfchen im linken Ohr wurde zu einem weltweit bekannten Zeichen und stand zu allen Zeiten für den besonders hohen Qualitätsstandard der Steiff-Produkte.

Die Jahre von 1903 bis 1914 waren für die Firma Steiff außerordentlich erfolgreich. Die vier Steiff-Brüder, Neffen von Margarete Steiff, arbeiteten bei ihrer Tante mit. Schon vor dem 1. Weltkrieg ließen sie zudem einen Puppenfilm drehen.

1904 annoncierte die Firma Steiff ausgestopfte Stofftiere, Gelenkpuppen und Nadelkissen. Eine weitere Neuheit: ›Hochoriginelle Karikatur-Gelenkpuppen‹. 1911 inserierte Steiff auch Charakterpuppen – nachdem bereits 1909 die Firma Kämmer & Reinhardt in Waltershausen die erste Charakterpuppe, einen völlig neuen Puppentyp, auf den Markt gebracht hatte.

Die Steiff-Puppen haben ganz typische Details: Mittel- oder Quernähte im Gesicht, abgesteppte Augen und Mundpartien, kurze Plüschperücken oder lange, kämmbare Haare – und es gibt eine sehr große Typen-

Seite 117: STEIFF-*Soldaten, deutsch, 1913/1914; Infanterie-Grenadier, ›Knopf im Ohr‹, Stiefel mit Ledersohlen, benagelt mit Steiff-Knöpfen, Säbel bez. ›Steiff‹, 43 cm (links); dünner Puppentyp, Leutnant, ›Knopf im Ohr‹, 45 cm (rechts). Es befanden sich zeitweise über 120 verschiedene Soldatenmodelle im Programm.*

Oben: Deutsche Dorfschule mit 12 Schülerpuppen, 28 cm, und Lehrer, 40 cm. Lehrerpult, Schulbänke und Tafel sowie Utensilien wie Ranzen, Tafeln, Hefte usw. 1910 wurden 45 komplette Schulen verkauft.

vielfalt: Nach Wilhelm Busch z. B. ›Max und Moritz‹, die ›Witwe Bolte‹ oder den ›Lehrer Lämpel‹, ferner Sportler, Polizisten, Feuerwehrmänner, Soldaten, Eskimos, Matrosen, Studenten, ›Onkel Zeppelin‹, ›Dr. Dolittle‹, Neger... – und nach dem populärsten Kinderbuch des 19. Jahrhunderts auch den ›Struwwelpeter‹.

1911 wird der Künstler Albert Schlopsnies nach Giengen geholt. Seinen Namen machte er sich weniger durch den Entwurf der ›unzerbrechlichen‹ Puppe (mit sogenannter Unterglasur), als vielmehr durch seine hervorragenden Schaustücke, mit denen er die Menschen begeisterte.

STEIFF-*Dorfmusikanten, die von 1912 bis 1915 in Fünfer-Gruppen 146mal verkauft worden sind. Alle Filzpuppen haben Knöpfe in den Ohren. Die meisten dieser Puppen wurden in die USA und nach Großbritannien exportiert. Dieses Orchester stammt aus Großbritannien.*

Ganz typische Karikaturpuppen: Drei Dorfmusikanten mit ihren aus Holz gearbeiteten Streichinstrumenten. Die beiden kleineren, rundlichen Cellisten sind mit ihren abstehenden Ohren und Knollennasen besonders witzig, zwischen 35 und 39 cm.

Zwei Dorfmusikanten mit ihren Blasinstrumenten. Die 44 cm große, bleistiftdünne Puppe erhält durch ihre riesigen Lederschuhe die nötige Standfestigkeit.

Münchner Künstlerpuppen

Marion Kaulitz, Paul Vogelsanger, Josef Wackerle und viele andere Künstler modellierten mit einer Holzmischmasse ›natürliche‹ Puppengesichter. Auf einer kunstgewerblichen Ausstellung in München (1908) präsentierte Marion Kaulitz ihre »Beispiele einer künstlerischen Puppenreform«. 1910 nahm sie an der Internationalen Ausstellung für Volkskunst in Berlin teil. Die deutsche Kaiserin war von den ›Münchener Künstlerpuppen‹ begeistert und kaufte für den ältesten Sohn des Kronprinzen eine Jungenpuppe.

Deutsche Reformpuppe von Marion Kaulitz, Massekopf, Kugelgelenkkörper, um 1910.

Sasha-Puppen

Im Puppenmuseum in der Züricher Bärengasse ist der künstlerische Nachlaß von Sasha Morgenthaler (geb. 1893) ausgestellt. Sasha Morgenthaler begann sich für die Herstellung von Puppen zu interessieren, indem sie Spielsachen für ihre drei Kinder anfertigte (Mitte der 20er Jahre). Besonders wichtig war es für sie, den Kindern Puppen mit menschlichem Aussehen zu geben – der lebendige Ausdruck war dabei wesentlich.

Im Museum sind sie zu bewundern: Bauernkinder mit gestreiften Schürzen, reiche Bürgerkinder, sorgfältigst angezogen.

Auch als sich 1963 die Möglichkeit ergab, ›Sasha-Puppen‹ industriell herzustellen, achtete Sasha Morgenthaler besonders darauf, daß den Puppen der ›menschliche‹ Ausdruck nicht verlorenging.

Lenci-Puppen

Elena Scavinis Puppen sind dem Sammler unter dem Markennamen ›Lenci‹ bekannt. Die Firma wurde 1919 gegründet. Lenci-Filzpuppen waren von Anfang an etwas Besonderes. So hoben sie sich besonders durch ihre auffälligen Farbzusammenstellungen von anderen Puppen der Zeit ab. Die schönsten Puppenentwürfe stammen von dem damals berühmten Reklamezeichner Marcello Dudovich.

1930 gab es bereits eine fast unüberschaubare Zahl von Lenci-Puppen. Auch berühmte Schauspielerinnen wie Marlene Dietrich oder Shirley Temple waren als Filzpuppen erhältlich.

Häufig sind bei den Lenci-Puppen Ring- und Mittelfinger miteinander verbunden. Doch auch andere Produzenten ahmten Lenci-Puppen nach und übernahmen dieses Erkennungszeichen.

1978 begann Lenci mit der auf 999 Stück pro Modell begrenzten Reproduktion alter Puppentypen.

Käthe-Kruse-Puppen

In ihren Lebenserinnerungen ›Das große Puppenspiel‹ (1951 erschienen) erzählt Käthe Kruse, wie sie zu Weihnachten 1905 die ersten Puppen für ihre Kinder bastelte, da ihr Mann, der Berliner Bildhauer Professor Max Kruse, meinte, daß die im Handel erhältlichen Puppen nicht wirklich kindgerecht seien: »zu hart, kalt und steif«.

Italienische Reformpuppe von Elena Scavini, Marke ›Lenci‹, um 1925.

Ihre ersten Puppen waren noch sehr primitiv: Sie nahm ein Handtuch, füllte die Mitte mit warmem Sand, machte Knoten an den Ecken (das wurden die Arme und Beine) und band in ein Stück Längsseite des Handtuches eine Kartoffel: das war der Kopf! Ein abgebranntes Streichhölzchen diente dazu, Augen, Mund und Nasenlöcher zu skizzieren.

Ihre Tochter ›Mimerle‹ (Maria) war beglückt, weil sie eine Puppe zum ›Schleppen‹ hatte (denn sie war ziemlich schwer!).

Doch schon bald ging Käthe Kruse dazu über, der Puppe festere Formen zu geben.

Zwischen 1905 und 1910 fertigte sie unter anderem *Oscar* eine Puppe, deren Körper aus Nesselstoff geschnitten und, wie alle Puppen dieser Zeit, mit Sägespänen gefüllt war. Aber die Sägespäne wurden trocken; die Puppe begann schon bald, sich ›unmanierlich‹ aufzuführen.

Ein Problem waren auch die Nasen. Nie wollten sie an der richtigen Stelle sitzen. Entweder wurden sie spitz und schmal oder sie standen leer und trostlos im Gesicht.

Zu dieser Zeit fertigte Käthe Kruse zu jedem Geburtstag (und auch zu vielen anderen Festen) eine neue Puppe für ihre Kinder an. In München kaufte sie das Gipsmodell eines Kinderkopfes, das nach dem Vorbild des niederländischen Bildhauers François Duquesnois, genannt Fiamingo gefertigt war, bezog es ganz stramm mit Stoff und goß die so entstandene Stoffhülle mit Wachs aus. Anschließend bemalte sie die Köpfe.

Anläßlich der Ausstellung ›Spielzeug aus eigener Hand‹ in Berlin, die das Warenhaus Hermann Tietz 1910 veranstaltete, wurde Käthe Kruse dazu eingeladen, die Puppen ihrer Kinder auszustellen. Doch diese sahen vor »lauter Liebe oft wie Korkenzieher« aus, so daß sie sich in aller Eile daran machte, für die Ausstellung neue Puppen anzufertigen.

Aus ihrem Buch erfährt der Leser, daß die kleinen Puppengesichter gar nicht recht gelingen wollten. Sie bat ihren Mann um Hilfe – und die Nasen, Ohren und ›Mäulchen‹ der Puppen stimmten!

Die Puppen fanden ein begeistertes Publikum – im Jahre 1911 erfolgte bereits die erste Massenherstellung von Käthe-Kruse-Puppen in der Puppenfabrik Kämmer & Reinhardt, Waltershausen. Aus Waltershausen kamen ein Werkführer und zwei der besten Arbeiterin-

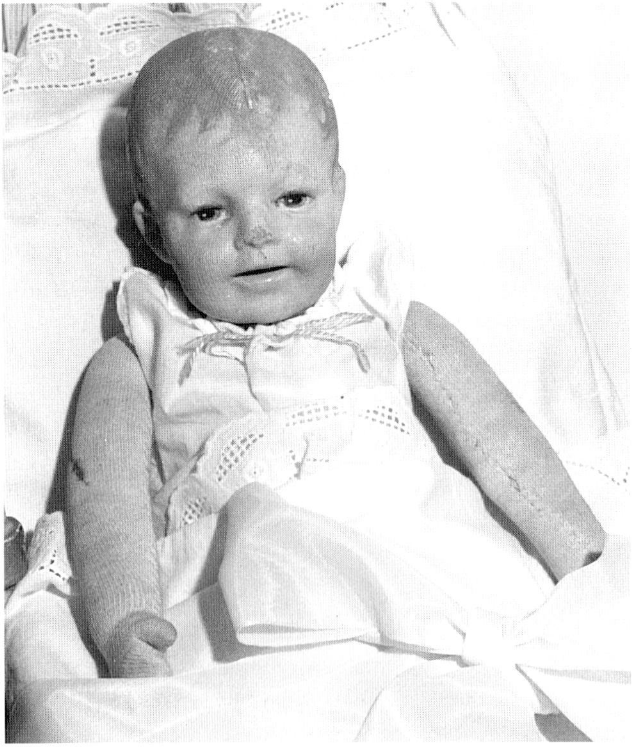

*Das ›*SCHLENKERCHEN*‹, die einzig lachende Käthe-Kruse-Puppe, 1922, 33 cm.*

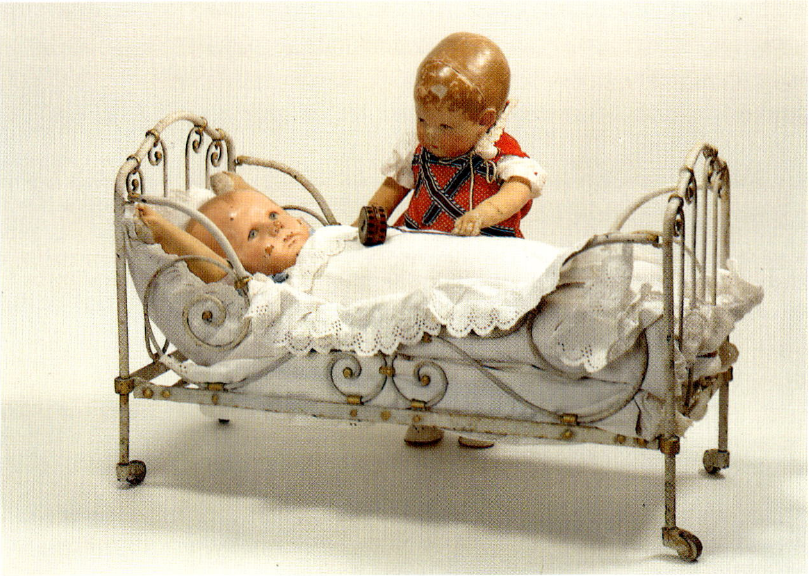

Hinter dem Bett: Eine Käthe-Kruse-Puppe I, geprägter und bemalter Stoffkopf, drei Hinterkopfnähte, Stoffkörper mit breiten Hüften, Beine mit Scheibengelenken, ca. 1919, 43 cm. Im Bett liegend: Babypuppe ›Du Mein‹, Käthe Kruse, offene Augen, Gewicht: 5 Pfund, hergestellt Ende der 20er Jahre, 50 cm.

nen nach Berlin. Sie sollten dort drei Wochen bleiben, um von Käthe Kruse die Technik des Köpfemachens zu erlernen. Außerdem wollte sie den beiden Arbeiterinnen beibringen, wie man die Puppenkörper richtig näht und stopft.

Dies alles ging im Eßzimmer der Kruse-Wohnung vor sich. Die Herstellung der Puppen in Waltershausen begann. Nur als man sie dann zur Begutachtung schickte, gefielen sie Käthe Kruse überhaupt nicht. Sie sollen blau-rosa gewesen sein, breite, ›ungefüge‹ Körper besessen haben und die mit Kapok gestopften Beine blähten sich ›wie Luftkissen‹ auf. Käthe Kruse fand sie scheußlich, der Versuch war vollständig mißlungen. Im Spätherbst 1911 erhielt sie ihr Urheber- und Fabrikationsrecht zurück.

Käthe Kruse war der Meinung, daß das Geheimnis ihrer Puppen in der Verbindung von Primitivität mit Natürlichkeit liege. So begann sie – zusammen mit sechs Mitarbeitern, darunter einem Maler –, die Puppen in ihrer Berliner Wohnung selbst herzustellen.

Die meisten anderen Puppen lehnte sie als pädagogisch ungeeignet ab. Doch diese Auseinandersetzungen dienten auch dazu, ihre Stoffpuppen als die einzig spielfreundliche und kindgerechte Puppenart zu propagieren. Im Sommer 1912 wurde eine Werkstätte in Bad Kösen eingerichtet.

Die frühen Käthe-Kruse-Puppen haben einen Stoffkopf, gemalte Haare, breite Hüften, Scheibengelenke und einen extra angenähten Daumen. Diese Puppen waren zunächst 43 cm groß (Puppe I). Die linke Fußsohle trug die Fabrikationsnummer und den Käthe-Kruse-Schriftzug.

Drei ›DEUTSCHE KINDER‹ *von Käthe Kruse, um 1930.*

Das
›HAMPELCHEN‹,
gemalte Haare,
locker ange-
nähte Glieder,
ab 1931,
45 cm.

Schlenkerchen, deren Vorbild ein Gipsabdruck vom ›Segnenden Christusknaben‹ des Bildhauers und Malers Andrea del Verrocchio war, kam 1922 auf den Markt. Der Puppenkörper war auf Grund eines Drahtskelettes biegsam und mit Trikot überzogen. Der Kopf wurde lose angenäht, so daß er sich in der Bewegung ›ganz natürlich‹ ein wenig mitneigte. Diese 33 cm große Puppe wurde jedoch nur relativ kurze Zeit hergestellt, bis etwa 1935. Das fröhlich wirkende Puppenkind, eine Lieblingspuppe von Käthe Kruse, war durch die aufwendige Innenkonstruktion zu teuer und empfindlich.

1925 kam das *Träumerchen* (mit geschlossenen Augen) als Puppe für den Unterricht zur Säuglings- und Kinderpflege auf den Markt. Das *Träumerchen* glich einem Baby: es war 50 cm groß, hatte das Gewicht eines Neugeborenen, einen aufgenähten Bauchnabel und ein Afterloch zum Fiebermessen. Kleine Sandsäckchen (später Bleigewichte) wurden im Körper so verteilt, daß die Puppe die richtige Schwere bekam.

Die Spielpuppe *Du Mein* (mit offenen Augen!) ist das Gegenstück zum *Träumerchen*. Im Jahre 1929 bereicherte eine vielbeachtete Neuheit das Kruse-Programm: *Das deutsche Kind*. Es war die erste Käthe-Kruse-Puppe mit Drehkopf und Echthaarperücke – Modell stand ihr dafür ihr vierjähriger Sohn Friedebald. Unter Verwendung des gleichen Kopfes – aber mit einer Mädchenperücke – fand Friedebald in Ilsebill ein Schwesterchen. Dieses Paar wurde zu einem ganz großen Verkaufsschlager.

Ab 1931 gab es das *Hampelchen*. Mittels einer an den Beinen befestigten Schnur, die man um einen Knopf am Rücken der Puppe schlang, konnte *Hampelchen* stehen, trotzdem alle Glieder lose angebracht waren und sich im Puppenkörper kein Drahtskelett befand. Diese Puppe war, weil preisgünstig, sehr beliebt.

Es gibt eine Vielzahl von Käthe-Kruse-Puppentypen, darunter auch kleine Soldaten (11 cm), ›Feldgraue‹ (Puppe 1, 43 cm) und seit 1930 auch erste Schaufensterpuppen mit einem Kugelgelenkskelett.

Eine reizvolle Rarität ist der Kaffeewärmer (42 cm hoch) mit Käthe-Kruse-Puppenkopf (1933). Bereits in ihrem ersten Katalog von 1913 hatte Käthe Kruse einen heute extrem seltenen Kaffeewärmer angeboten.

In der 30. Folge der illustrierten Mädchen-Zeitung ›Das Kränzchen‹ von 1917 werden die Werkstätten von Käthe Kruse anschaulich beschrieben:

»Zuerst der Raum, in dem eine Malerin beschäftigt ist, den Puppenköpfen farbiges Leben zu geben. Vorher eine tote, kalte Form, beginnen sie sich unter dem Pinsel zu erwärmen. Blauauge und Braunauge haben ihren unterschiedlichen Ausdruck, Buben und Mädchen erst recht. Und welche Verschiedenartigkeit ergab sich gar, wenn den Kahlköpfchen die Haare aufgesetzt wurden!

Ist ein Köpfchen fertig, wird es zum Trocknen neben die anderen gestellt, bis es dem kleinen Körper aufgesetzt werden kann, für den man es bestimmt hat. Der ist inzwischen sachgemäß geformt worden, wobei besonders auf die freie Beweglichkeit der Glieder großes Gewicht gelegt wurde. Alles soll ja leicht und ungezwungen und vollkommen natürlich sein; man schafft hier keine steifen Puppenkörper wie die früheren, deren anatomische Richtigkeit immer sehr fraglich war, sondern weiche, kindliche Körper, die ihren Vorbildern möglichst ähnlich sind. Ist der Kopf aufgesetzt, werden die Puppen der Ankleidestube übergeben. Da herrscht erst ein buntes Leben!

Wie in einem Warenhause liegt hier alles aufgestapelt, was solche Puppenkinder zu ihrer Ausfahrt ins Leben brauchen, von den Hemdchen und Höschen an, die für jede Größe vorrätig sind und als erste schützende Hülle dem Körper angelegt werden.

Welche Fülle von Kleidern und Schürzchen, Mänteln und Jäckchen! Dazu Kappen und Mützen, Schuhe und Strümpfe und so weiter. Und wie wohltuend ist die Umschau unter all diesen reichen Vorräten! Denn hier gibt es nur schlichte, bescheidene Sachen, oft zwar bunt und drollig altmodisch, aber niemals auffallend und geputzt.

Kaffeewärmer von Käthe Kruse, 1933, 42 cm.

Hier wird gewählt und geprobt, um für jedes dieser eigenartigen kleinen Puppenwesen das Passendste, Kleidsamste herauszufinden. Aber dies Bemühen richtet sich eben nicht auf den größtmöglichen Putz, sondern

auf den möglichst vollkommenen Einklang zwischen solcher kleinen Person und ihrer Kleidung – genauso, wie es ja bei den großen Leuten auch sein soll. Darin liegt eben die Kunst!

Links: Käthe-Kruse-Puppen auf Postkarten, 1915/1916.

Käthe Kruse, um 1930. ›Leila, Gretel, Kurt und Peter‹. Köpfe aus bemaltem Leinen, geknüpftes Echthaar (Leila und Gretel) bzw. gemalte Haare. Körper aus festem Stoff mit Originalbekleidung, 43 und 52 cm (Gretel).

Nach dem Ankleiden kommt dann noch die besondere Ausstattung der Kleinen mit allerlei Gebrauchsgegenständen. Ein unerschöpflicher Vorrat von Schul- und Spielsachen ist vorhanden und wartet auf die Verteilung.

Da bekommen die Bübchen ihre Tornister auf den Rücken, die sie zu kleinen ABC-Schützen stempeln, die Mädchen ihre Schiefertafeln oder ein besonderes Spielzeug. Auf diese Zutaten pflegen die Puppenmütter ja immer besonderen Wert zu legen. Dann endlich werden die lieben kleinen Dinger als Käthe-Kruse-Puppen in die Welt hinausgeschickt«.

1950 verließ Käthe Kruse Bad Kösen, die Puppenfabrik wurde ganz nach Donauwörth verlegt, wo sie noch heute besteht. Zwischen 1950 und 1962 wurden im VEB-Betrieb ›Künstlerpuppen Bad Kösen‹ Puppen in Käthe-Kruse-Manier hergestellt. Weniger qualitätvoll und ansprechend, konnten sie jedoch den echten Käthe-Kruse-Puppen nicht das Wasser reichen. Käthe Kruse verstarb 1968.

Das Spiel der Bauern-, Bürger- und Arbeiterkinder

Um 1900 lebten im Deutschen Reich noch ca. 80 Prozent der Bevölkerung auf dem Lande. Es war selbstverständlich, daß mehrere Generationen und das Gesinde unter einem Dach lebten und wirtschafteten. Die Bauernkinder spielten auf dem Hof und im Dorf, in einer überschaubaren kleinen Welt.

Gekauftes Spielzeug kannte man nicht; die Kinder fanden im Haus und Freien alles, was sie zum Spielen brauchten: Aus Tannenzapfen, Holz- und Wurzelstückchen machten sie sich Tiere wie Pferde und Kühe, Astgabeln wurden zu Schleudern, die bei der Hausschlachtung abfallende Schweinsblase zum Luftballon. Und ein Stückchen Holz, in Stoffreste gewickelt, ergab eine Puppe.

Mit einem Baukasten und hölzernen Klötzen ließen sich die schönsten Türme bauen. Und was konnten die Bausteine nicht sonst noch alles darstellen? Eine Herde auf der Weide, eine Kinderschar in der Schule...

Welche geradezu unbegrenzte Perspektive eröffnete eine einzige hölzerne Fußbank! ›Streckte sie ihre Beine gen Himmel‹, so war sie bald Wagen, Schlitten, Schiff oder Wiege, bald Armstuhl für die Puppe.

Aber das Spiel eines Bauernkindes war zeitlich stark begrenzt. Etwa bis zum siebten Lebensjahr durfte es Spielkind sein – dann begannen die kleinen, aber regelmäßigen Pflichten, wie z. B. das Viehhüten oder die Mithilfe bei der Ernte.

Ein Lehrer aus Pommern hat sich den Tagesplan eines zwölfjährigen Jungen aufgeschrieben:

»3. Märzwoche: 4½ Uhr auf.

Seite 135: Die Kinder des Porträtmalers Gustav Adolf Köttgen, gemalt von ihrem Vater 1853.

Stallarbeit (Ausmisten helfen, Wassertragen, füttern) bis 7½ Uhr. Schule. Über Mittag Holzhauen und Rübenstampfen.

Nachmittags Arbeit in der Scheune (Strohabtragen). Gegen Abend Füttern, Torfabtragen, Wassertragen. Im ganzen 7 bis 8 Stunden. Sonntags 3 Stunden.

2. Aprilwoche: Morgens Stallarbeit, alsdann Gartenarbeit. Nachmittags Kornboden gereinigt.

Regelmäßige Arbeit: Täglich Kartoffeln von Keimen befreien bis 8 Uhr abends.

Arbeitsdauer in der Woche 60 Stunden.« (Aus: ›Das proletarische Kind‹ von Otto Rühle, erschienen 1922 in München.)

Die Lebensbedingungen der Bürgerkinder waren ganz anders. Sie hatten zumeist ihren eigenen Wohn- und Spielbereich. Der Vater war in der Regel außerhalb der Wohnung tätig, so daß die Kinder keinen Einblick in seine Tätigkeit bekamen. Die Bürgersfrau führte den Haushalt und erzog die Kinder. Aber so manch eine biedermeierliche Familienidylle, die wir auf Bildern sehen, täuschte.

So beschreibt der 1872 in Hannover geborene Philosoph Theodor Lessing in seiner Selbstbiographie ›Einmal und nie wieder‹ (Prag 1935) seine Kindheit im großbürgerlichen Haus:

»Die Kinder waren die meiste Zeit dem Personal überlassen. Der Vater immer in Geschäften, die Mutter immer in Vergnügungen. Wenn wir Kinder auf eine Stunde hergenommen wurden zu Spaß und Spiel, wie zwei Tierchen, wie zwei Hündchen, so war das alles, was wir wünschen konnten.

Wir hatten unsere Bonne (Erzieherin). Außerdem war das Hausmädchen Frieda da und die Köchin Emilie.

... wenn Besuch kam, wurden die Kinder besonders schön angezogen. Alle Tage kamen zahllose Leute. Man mußte artig sein. Mußte Händchen geben. Mußte Diener machen. Bekam Kuchen. Mußte danke sagen. Durfte endlich wieder ins Kinderzimmer!«

Elise Polko ermahnt in ihrem Buch ›Unsere Pilgerfahrt von der Kinderstube bis zum eignen Heerd‹ (Leipzig 1874) die Mädchen zur Ordentlichkeit: »Ein Mädchen, das ohne Versuche, dem Übel abzuhelfen, mit einer schmutzigen, in zerrissene Kleider gehüllten Puppe spielt, wird wahrscheinlich dermaleinst ihre Kinder in ähnlichem Zustande auf den Knien wiegen, und die Kleine, die ihr Puppenschränkchen nimmer in Ordnung zu halten wußte, dürfte später ihre Mantille mit ihren Schuhen in denselben Kasten schieben, und ihre Handschuhe zwischen ihren Strümpfen zu suchen haben – ihren Hut aber im Kleiderschrank ihres Mannes, und ihre Servietten unter den Taschentüchern.«

Doch die ›höhere Tochter‹ mußte in erster Linie lernen, sich zu beschäftigen. Aus dem Tagebuch einer ›höheren Tochter‹:

»13. Januar:

Clavierstunde gehabt;
wollte zu Willy gehen, Mama fand das Wetter aber zu schlecht. – Meine Handschuhe alle nachgesehen und genäht – ich habe jetzt 23 Paar tragbare und 10 Paar neue!
In der Gartenlaube gelesen.

4. März:

Clavierstunde gehabt und auch französische Stunde.
Bei Ruete und Schuetts einen Besuch gemacht, zum Glück beide nicht angetroffen, meine Karte abgegeben.

27. März:

Ich wurde 17 Jahre alt. Meine süße Mama hat meine Spieluhr genommen und wollte mir nun so ein Ständchen bringen: sie hielt in der einen Hand ein wunderschönes Bouquet, und in diesem Bouquet steckte ein Crayon von Gold mit meinem Namenszug.
Mama führte mich hinunter, dann mußte ich meine Sachen besehen. Wie hatte Mamachen sich wieder abgearbeitet: eine so reizende Reisetasche, wie sie mir gearbeitet hatte, und auch noch einen Wollkragen, auch bekam ich von meinen Brüdern einen sehr hübschen

Ring – Mama hatte für mich einen Sammetanzug besorgt und einen reizenden Hut...«

Anna Freifrau von Zedlitz und Neukirch, geb. von Bonin, erinnert sich noch deutlich an ihre Puppenkinder: »Ich hatte es in meiner Kindheit bis auf 14 Puppen gebracht. Ich sehe sie noch heut alle vor mir: mein Wikkelkind mit seinen grellen, braunen Augen und seinem kahlen Köpfchen, die Berner Bäuerin, die nach der Geberin Valérie hieß, das Negerkind mit dem Wollhaar

und dem roten Röckchen, und mein Liebling, die große Lore, mit den wirklichen, langen Haaren, die sich so prächtig kämmen und frisieren ließen. Außer den 14 Puppen hatte ich noch unzählige Papierpuppen und auch Nippesfiguren, die damals Mode waren, mit denen allen ich spielte.«

Aus solchen großbürgerlichen Familien und Kinderzimmern stammen sicherlich die Wachspuppen, Eisenbahnen, Dampfmaschinen, die Puppenkinder mit Biskuit-

köpfen, das Blechspielzeug, die Bilderbücher mit ihren eigenartigen Moralbegriffen und die Biedermeierpuppen mit den Sockelköpfen.

Doch fast zwei Drittel der Bevölkerung des Deutschen Reiches zählten im 19. Jahrhundert zu den unteren, armen Schichten. Diese Verarmung war nicht zuletzt eine Folge der Industrialisierung: Das Maschinenprodukt löste die Handarbeit ab, Maschinen ersetzten menschliche Arbeitskraft. Viele verarmte Landbewohner gingen in die Städte und arbeiteten dort in den Fabriken.

Nicht selten hatten Familien mehr als zehn Kinder. Wie dürftig die Lebensbedingungen der Arbeiterkinder im 19. Jahrhundert waren, können wir uns heute kaum noch vorstellen. Trotz einer Arbeitszeit von mindestens zwölf Stunden täglich reichte das Einkommen des Mannes bzw. Vaters in der Regel nicht aus, so daß Frauen und Kinder mit dazu beitragen mußten, den Lebensunterhalt zu verdienen.

Kartoffeln waren das Hauptnahrungsmittel, Gemüse gab es selten und Fleisch nur zu besonderen Anlässen. Aus Platzmangel schliefen oft mehrere Familienmitglieder in einem Bett. Mietwohnungen waren relativ teuer, die Räumlichkeiten oft eng und feucht. Die Arbeiterkinder mußten Sommer wie Winter die gleiche Kleidung tragen. Häufig besaßen sie nur eine Garnitur, die nach dem Waschen sofort wieder angezogen wurde. Schuhe und Strümpfe gab es nur im Winter.

Und wie viele Kinder mögen gar nicht oder nur unregelmäßig die Schule besucht haben? Nach dem Gutachten des Sonneberger Kreisschulinspektors Ulrich von 1901 waren selbst die niedrig gesteckten Ziele der Volksschule für die meisten Schüler nicht zu erreichen, da besonders die Kinder der Heimarbeiter an Übermüdung litten und ihnen keine Zeit zur Erledigung der Hausarbeiten zur Verfügung stand. In einigen Orten des Thüringer Waldes betrug der Anteil der mitarbeitenden Schulkinder sogar über 50 Prozent. Oft wurden Kinder auch unter dem Vorwand einer Krankheit zu Hause behalten, da sie für die Erfüllung von Aufträgen bei der Heimarbeit dringend gebraucht wurden.

Es wird geschätzt, daß die Kinderarbeit im 19. Jahrhundert zehn bis zwölf Prozent des gesamten Arbeitsaufkommens ausmachte. Kinder waren billige Arbeitskräfte. Sogar in Bergwerken – unter Tage – wurden sie in den besonders niedrigen Stollen beschäftigt. 1839 wurde das erste Arbeitsschutzgesetz erlassen, wonach in einer Fabrik arbeitende Kinder mindestens neun Jahre alt und drei Jahre zur Schule gegangen sein mußten und nicht länger als zehn Stunden am Tag arbeiten durften. Doch auch spätere Gesetze, die Kinderarbeit betreffend, wurden in der Regel rücksichtslos mißachtet. Sowohl die Fabrikbesitzer als auch die Eltern waren – die einen wegen der niedrigen Löhne, die anderen wegen der sozialen Not – an Kinderarbeit interessiert.

1871 wurde Fabrikarbeit für Kinder verboten; wegen des technischen Fortschritts lohnte sie sich inzwischen auch nicht mehr. Unkontrolliert blieb jedoch die Heimarbeit. Puppen und Holzspielzeug wurden vielfach in Heimarbeit hergestellt.

Die Händler diktierten zumeist so schändlich niedrige Preise, daß die ganze Familie mitarbeiten mußte. Die Kinder saßen in engen, schlecht gelüfteten Stuben, Tag für Tag, stundenlang, und mußten immer und immer wieder die gleichen Handgriffe tun. Ihnen wurden vor allem folgende Arbeiten übertragen: das Umwenden von Puppenbälgen und -kleidern, das Versäubern von Erzeugnissen der Drücker, das ›Tressieren‹ von Mohairsträhnen für Puppenfrisuren, das Bemalen, das Heranbringen von Rohmaterialien sowie das Ausliefern von Fertigwaren.

Agnes Sapper schildert eindrucksvoll das Leben einer thüringischen Puppenmacherfamilie aus der Zeit um 1900:

»Während der Vater die Masse in die Form drückt, schneidet die Mutter aus Schirting den Stoff zu den Puppenkörpern aus und näht die Bälge.

Reifendreherfamilie bei der Arbeit.

'aren-Industrie

Das Umwenden besorgt der Fünfjährige, weil seine kleinen Finger dazu am geschicktesten sind, während die sechsjährige Schwester die Köpfe zum Trocknen aufreihen und die Bälge mit Sägespänen füllen muß.

Der Dreijährige darf noch herumspielen. ›Der Johann ist jetzt schon drei Jahre‹, tröstet die Mutter den wegen des schlechten Verdienstes deprimierten Vater, ›mit vier kann man ihn schon anweisen, und mit fünf hilft er so viel wie der Philipp.‹«

Ein in Heimarbeit tätiger Drücker verdiente um 1900, gemeinsam mit drei Familienangehörigen, bei der Anfertigung von Puppenkörpern in 16 Arbeitsstunden 1,65 Mark – das war der Verdienst während der Vollbeschäftigung von Mai bis Oktober. Und dabei kosteten um 1900 z. B. in Sonneberg:

1 Pfund Butter	1,10 Mark
1 Pfund Rindfleisch	–,65 Mark
1 Pfund Brot	–,14 Mark

Ein Hamburger Vergleich von 1911 (Ausstellung im Altonaer Museum):

1 Pfund Butter	–,80 Mark
1 Pfund Brot	–,12 Mark
1 Paar Schuhe	8,– / 10,– Mark
1 Puppenwagen	15,– / 20,– Mark
12 Karussellfahrten	–,50 Mark

Eine Sonneberger ›Puppendrückerfamilie‹ mußte demnach für 1 Pfund Brot 70 Puppenkörper herstellen. Zeit zum Spielen hatten die Arbeiterkinder nicht – sie mußten das Spielzeug für die Kinder reicher Leute herstellen.

Tips für den Sammler

Sammeln ist eine individuelle Sache und richtet sich – in immer verstärkterem Maße – nach den finanziellen Möglichkeiten des einzelnen Sammlers.

Seit Beginn der 80er Jahre steht dabei dem Sammler eine ständig wachsende Fülle von Möglichkeiten der Information und des Erwerbs von alten Puppen und Spielzeugen, so z. B. auf den zahlreichen Puppen- und Spielzeugbörsen, zur Verfügung.

Auf Grund der heute gegebenen Marktbreite sollte man sehr gezielt und nur die Sammlung wirklich ergänzende Stücke kaufen. Zur Kunst des Sammelns gehört es nämlich auch, sich innerhalb seines Sammelgebietes auf einen oder mehrere eingrenzbare Bereiche zu konzentrieren. Man sollte sich also möglichst früh auf das Sammeln von bestimmten Materialien, Marken oder Puppentypen beschränken, um damit innerhalb eines überschaubaren Rahmens wirklich intensiv sammeln zu können. Für den Kauf einer Puppe kommt deshalb der Flohmarkt kaum noch in Frage, sondern hierzu bieten sich vor allem spezielle Auktionen und Fachhändlerbörsen an.

Seite 147: Brustkopf, glasiertes Porzellan, modellierte schwarze Frisur mit freiem Ohr (selten), Stoffkörper mit glasierten Porzellanarmen, 44 cm, deutsch, ca. 1840. Puppen aus glasiertem Porzellan mit Stoffkörpern wurden auch ›Nankingpuppen‹ genannt.

Zunächst sollte man beim Kauf einer alten Puppe besonders darauf achten, daß es sich nicht um eine Fälschung (Reproduktion) oder eine ›gebastelte‹ Puppe handelt. Die Originalität einer Puppe ist entscheidend. Und diese Originalität sollte auch stets erhalten bleiben. Schönheitsreparaturen bzw. Ausbesserungen – besonders, wenn sie unprofessionell vorgenommen werden – können den Wert einer Puppe entscheidend mindern.

Grundsätzlich sind beim Puppenkauf vier Hauptkriterien besonders relevant: die Originalität, die Seltenheit, die Qualität und die Schönheit bzw. Ausdrucksstärke.

Besser ist es auf jeden Fall, *eine* qualitativ gute Puppe zu kaufen als mehrere von mittlerer oder schlechter Qualität.

Besonders interessant für den Sammler können Puppen von weniger bekannten Herstellern sein bzw. mit besonderen Mechanismen, Funktionen oder speziell entwickelten Körpern.

Checkliste für den Kauf einer alten Puppe

1. Keine ›zusammengebastelten‹ Puppen kaufen (d. h., die Puppe besteht aus ergänzten Teilen, Kopf und Körper gehören nicht zusammen, Größenunterschiede sind möglich).

2. Keine Fälschungen (Reproduktionen) kaufen: Sehr gefragte Puppen (z. B. aus der 100er Serie von Kämmer & Reinhardt), aber auch Badepuppen und glasierte Porzellanköpfe werden zum Teil in großen Stückzahlen gefälscht.

3. Prüfung des Kopfes:
Perücke / Hinterkopf: Stets Perücke lösen (lassen) und den Kopf von innen ausleuchten. Bei einem Sprung mindert sich der Preis um mindestens 50 Prozent, bei einem Haarriß mindestens um 30 bis 40 Prozent, bei einem Brandriß (meistens hinter dem Ohr) um etwa 10 Prozent. Außerdem: mögliche Wertminderung durch ›Perückenpull‹ (Kopfkrone).

Dabei kommt es auch darauf an, wo der Sprung oder Haarriß verläuft: ob z. B. im Gesicht oder unter der Perücke am Hinterkopf, und ob die Puppe durch die Beschädigung an Ausdruck verliert.

Porzellanqualität: Puppen mit feinem Porzellan von heller Farbe und einer fein abgetönten Bemalung sind ungleich wertvoller (meistens auch älter!) als Puppen aus grobem, körnigem Porzellan von rötlich-brauner Farbe.

Gesichtsausdruck: Besonders gesucht sind ausdrucksstarke Charaktergesichter, Puppen, die schmollen, lachen, schreien, mit Grübchen, Schmollmund, besonderen, z. B. modellierten Augenbrauen usw.

Mund: In der Regel sind Puppen mit geschlossenem Mund (vor allem frühe Puppen und Charakterpuppen) weitaus teurer als Puppen mit offenem Mund. Besonderheiten: offen-geschlossener Mund, bewegliche Zunge.

Augen: Mundgeblasene Augen, sogenannte Strahlenaugen, heben den Preis einer Puppe an. Grüne Augen sind besonders selten. Auf Augenreparaturen achten! (Originaleingipsung? Originalaugen? Ursprünglich vielleicht Schlafaugen?)

Besonderheiten: Augenmechanismen, ›flirting eyes‹, Intaglioaugen.

Der Kopf ist mit Abstand am wichtigsten für den Wert einer Puppe!

4. Prüfung des Körpers: Besonders auf die Zusammengehörigkeit achten. Abgeblätterte Farbe am Körper einer Puppe vermindert ihren Wert kaum. Niemals einen Körper übermalen!

In der Regel sind Puppen mit Kugelgelenkkörpern gefragter als Puppen mit Babykörpern. ›Toddlerkörper‹ wurden für Kleinkindpuppen entwickelt und haben an den Beinen anstatt der Kugelgelenke Scheibengelenkverbindungen.

Besonders sollte man auf die Qualität eines Körpers achten. Hochwertige Körper können mitunter auch signiert sein (z. B. Kugelgelenkkörper von Heinrich Handwerck).

Fein gearbeitete Lederkörper sind wertvoller als solche aus Wachstuch oder Stoff.

5. Prüfung der Kleidung: Gegenüber dem Prädikat ›original‹ sollte man bei der Kleidung – besonders bei deutschen Puppen, die zumeist nur mit einem Hemd oder Höschen verkauft wurden – sehr mißtrauisch sein. Entscheidend ist, daß die Kleidung zeitlich passend und alt ist oder wenigstens zur Puppe gehört bzw. speziell für diese, wenn auch zeitlich später, angefertigt wurde.

Die Kleidung (das Kleid bzw. der Anzug, die Unterwäsche, Schuhe, Strümpfe usw.) spielen für den Wert einer Puppe eine nicht zu unterschätzende Rolle. Schon die Einzelpreise sind inzwischen enorm hoch gegangen. Für gute Puppenschuhe sind 150 bis 200 DM nicht mehr ungewöhnlich.

Alte Kleider nie gegen neue – auch nicht, wenn sie aus alten Stoffen nachgenäht worden sind – austauschen!

Der Wert einer Puppe

Für die Bewertung einer Puppe ist zudem natürlich entscheidend, von wem, wo und wann eine Puppe hergestellt wurde. Dieses läßt sie zumeist an Hand der Signierung am Hinterkopf bestimmen. Doch auch zwischen Puppen einer Seriennummer und eines Herstellers können große Wertdifferenzen und Qualitätsunterschiede bestehen: Die Seriennummer sagt also nur sehr begrenzt etwas über den Wert einer Puppe aus.

Auch die Größe (bevorzugt werden zumeist Puppen zwischen 30 und 60 cm) ist nur ein sekundäres Kriterium – abgesehen einmal von extrem kleinen oder großen Puppen.

Grundlegend läßt sich sagen, daß im Bereich der Biskuitporzellankopfpuppen vor allem frühe Kestner- und Simon & Halbig-Puppen (besonders die Nummern ›150‹ und ›152‹), Puppen von Hertel, Schwab & Co. (z. B. ›141‹ und ›149‹), Charakterpuppen von Kämmer & Reinhardt (100er Serie), ungewöhnliche Puppen weniger bekannter Hersteller (mit geschlossenem Mund; wie beispielsweise von Bruno Schmidt oder Koenig & Wernicke) und die hochwertigen Puppen der französischen Hersteller (Bru, Jumeau, Steiner, Huret usw.) gesucht sind.

Genauso wie frühe oder besondere Käthe-Kruse-Puppen (in gutem Zustand!), interessante Karikatur-Puppen von Steiff oder besonders ausgefallene Celluloidpuppen – so z. B. die von ›Schildkröt‹ hergestellten Puppen der Charakterserie von Kämmer & Reinhardt. Und auch die frühen Modelle der Barbie-Puppe erzielen heute auf Auktionen schon fantastische Preise.

Und gerade solche höherwertigen Puppen dürften eine sichere Geldanlage sein. Bei diesen Puppen konnte auch in der Vergangenheit ein kontinuierlicher Preisanstieg festgestellt werden, während bei minderwertigen Puppen eher eine Stagnation der Preise zu beobachten war, welche teilweise auch noch weiter anhalten könnte, da ja sich ›weiterentwickelnde‹ Sammler in der Regel ihre schlechteren Puppen veräußern, während wirkliche Spitzenobjekte oft erst bei vollständigen Sammlungsauflösungen auf den Markt zurückkommen.

Insgesamt betrachtet muß jedoch betont werden, daß der Puppenmarkt relativ unstabil ist und starken Preisschwankungen unterliegt. Dem Sammler sei deshalb empfohlen, sich vor einem Puppenkauf sehr genau über den derzeitigen Marktwert eines Stückes an Hand vergleichbarer Exponate zu erkundigen. Am wichtigsten ist der Vergleich mit konkreten Verkaufsergebnissen, wirklich erzielten Preisen. Dies ist am einfachsten an Hand von Auktionskatalogen (Ergebnislisten), weniger mit Hilfe von Preisführern, die oft nur fiktive Preise wiedergeben. Zudem sollte man stets die späteren Verkaufschancen eines Stückes – auch wenn ein Verkauf für einen persönlich gar nicht in Frage kommt – berücksichtigen. Gerade deshalb ist es nicht ratsam, bestimmten Modewellen hinterherzulaufen bzw. in Hochpreisphasen eine ganz neue Sammlung in einem solchen Bereich anzulegen.

Statt dessen sollte der Sammler – und besonders der Anfangssammler – auf Puppentypen achten, die zur Zeit relativ unbegehrt sind, obwohl sie oft nur schwer zu bekommen, also – auch auf Grund niedriger Preise – kaum im Angebot sind. Hierzu zählen z. B. alle (!) deutschen Brustkopfpuppen oder auch frühe Puppen (Holz-, Papiermaché-, Wachspuppen), die im Verhältnis zu Biskuitporzellankopfpuppen unverhältnismäßig preiswert sind.

Allgemein gilt, daß auf dem internationalen Puppenmarkt das Alter eines Stückes weit weniger berücksichtigt wird als auf anderen Sammelgebieten. Auf Grund des geringen Angebotes, des weit verbreiteten Vorurteils, daß frühe Puppen weniger ausdrucksstark seien (ein absolutes Fehlurteil), gibt es nur sehr wenige Sammler früher Puppen.

Versicherung von Puppensammlungen

1984 wurden die neuen Hausratversicherungsbedingungen eingeführt. Überwiegend bestehen Hausratversicherungen heute innerhalb der Bundesrepublik auf dieser Basis. Nachfolgend eine stichwortartige Zusammenfassung der wichtigsten Punkte:

Puppensammlungen gehören zum Hausrat und sind mitversichert (nicht versichert ist Ware, also wenn gewerbsmäßig mit den Puppen gehandelt wird).

Versicherungsort ist die jeweilige Wohnung des Versicherungsnehmers. Bis 10 Prozent der Gesamtversicherungssumme (max. DM 15000,–) sind auch außerhalb des Versicherungsortes versichert.

Es erfolgt eine Anpassung der Versicherungssumme an die Preisveränderungen für Verbrauchs- und Gebrauchsgüter. In diesem Zusammenhang wird eine zehnprozentige Vorsorge geboten ohne besondere Prämienberechnung.

Versicherungswert ist der Wiederbeschaffungswert von Sachen gleicher Art und Güte zum Zeitpunkt des Versicherungsfalles.

Ein Verzeichnis der Puppen ist eine wertvolle Hilfe für die Schadensregulierung, da der Versicherungsnehmer Verlust und Wert nachweisen muß.

Nur Puppen, die älter als 100 Jahre sind, gelten als Wertsachen. Eine Differenzierung ist erforderlich, um zu prüfen, ob die Entschädigungsgrenze für Wertsachen ausreicht oder erhöht werden muß. Hilfreich ist dazu wiederum das Verzeichnis mit Wertangaben.

Für einen eventuellen Schaden sind neben dem Verzeichnis auch Fotos als Nachweis empfehlenswert.

Spezielle Preisbewegungen von Sammelobjekten werden durch die Summenanpassung nach amtlichem Index nicht berücksichtigt. Darum ist bei Neuanschaffungen oder neuen Wertfestsetzungen eine Überprüfung der Versicherungssumme wichtig.

Da nach den Versicherungsbedingungen nur Puppen, die älter als 100 Jahre sind, als Wertsachen gelten, ist unbedingt darauf zu achten, daß die Hausratversicherungssumme ausreichend ist!

Der Puppendoktor

Vollständige Anleitung zur Ausführung
von Puppen-Reparaturen jeder Art
von Hermann Kunze, Halle a. S.

Deutsche Allgemeine Friseur-Zeitung G.m.b.H.
Berlin 1916

Glieder- oder Kugelgelenkpuppe.
Das Einziehen des Gummis.

a) In den Beinen.

Die Stärke des Gummis, welcher verarbeitet werden soll, ist schlecht anzugeben, jedoch empfiehlt es sich, möglichst starken Gummi zu verwenden, da der Kopf häufig an dem von den Beinen aus durch den Körper gezogenen Gummi eingehenkt wird und daher die Spannkraft eine sehr große sein muß.

Die beiden Enden des Gummistückes werden nun zusammengenommen und mittels haltbaren, aber nicht zu dicken Bindfadens fest aneinander gebunden. Es läßt sich dies aber auch sehr leicht und dauerhaft mit dünnem, am besten galvanisierten Draht erreichen. Dieser Draht wird wie der Bindfaden an den beiden Enden fest herumgeschlungen und dann mit einer Drahtzange zusammengedrückt. Nun überzeugt man sich erst von der Haltbarkeit der Bindestelle, indem man den Gummi nach zwei Seiten hin auseinanderzieht. Ist dies geschehen, so verfertige man von Draht einen S-förmigen Haken, welcher in die Öse des Unterschenkels eingehakt und daran festgedrückt wird. An das andere Ende des Hakens kommt der Gummi. Nun werden die anderen Teile des Beines nacheinander auf die Gummikordel aufgezogen, doch achte man stets darauf, daß die zusammengehörigen Teile auch richtig zusammengesetzt werden, also der

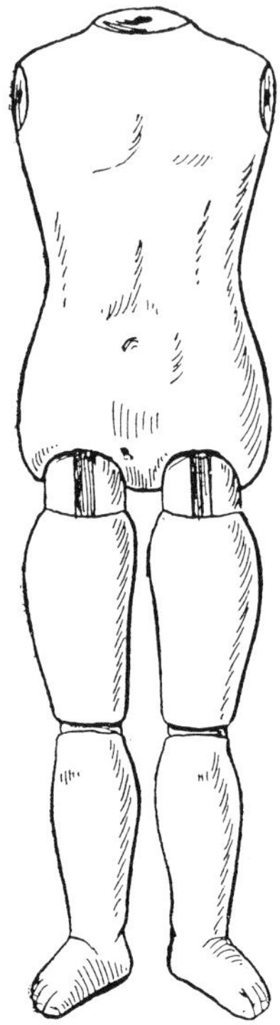

richtig
Abbildung 1

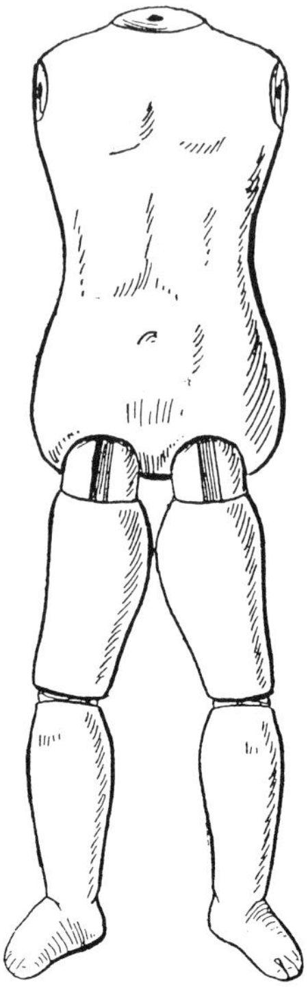

falsch
Abbildung 2

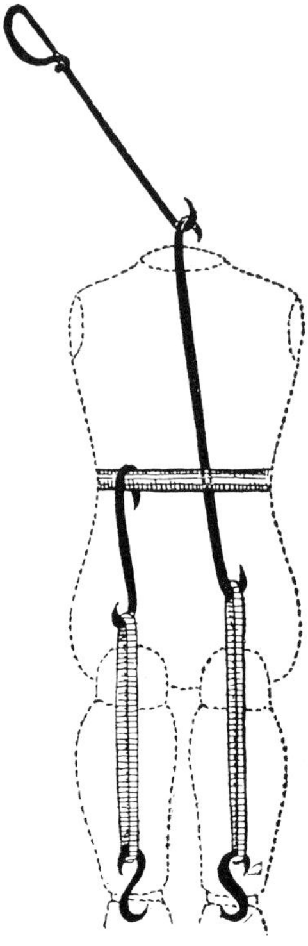

Abbildung 6

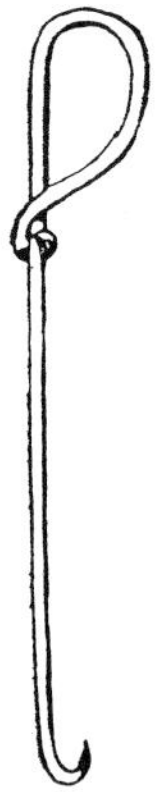

Abbildung 3

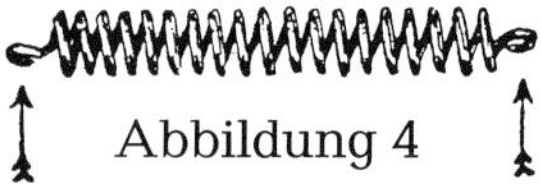

Abbildung 4

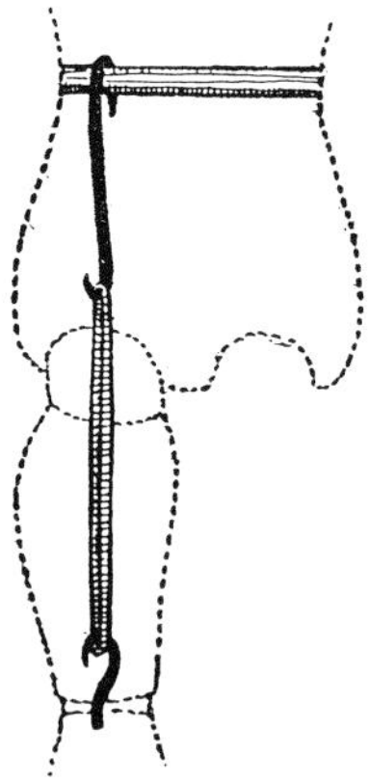

Abbildung 5

rechte Oberschenkel auf den rechten Unterschenkel kommt, ebenso auch beim linken Bein (s. Abbildung 1 und 2).

Das Aufziehen der einzelnen Gliedmaßen und nachher das Einziehen des ganzen Beines geschieht mit einer sogenannten Hebeamme.

Dies ist ein aus starkem Draht angefertigter 30 – 40 cm langer Haken (s. Abbildung 3).

Wenn man nun die Gummikordel nicht käuflich erhalten sollte, so bediene man sich der als Ersatz dafür erfundenen Spiralfeder, welche in verschiedenen Längen und Stärken gebrauchsfertig zu haben ist (s. Abbildung 4). Diese Federn meterweise zu beziehen, ist nicht zu empfehlen, da das Biegen der Ösen, der Sprödigkeit des Stahles wegen, nicht so leicht ist und die gebrauchsfertigen Spiralen auch nicht viel teurer sind.

Das Einziehen der Beine in den Körper geschieht nun mittels der Hebeamme, welche vom Halseinsatz durch den Körper nach einem Beineinsatz geführt wird und so das zuerst eingezogene Bein dann auf dem in dem Körper angebrachten Querholz befestigt (s. Abbildung 5).

Der Gummi des anderen Beines wird jetzt bis wenig über den Halseinsatz gezogen, um an den hochgezogenen Haken den Kopf hängen zu können (s. Abbildung 6).

b) Die Arme.

Für die Arme läßt sich etwas dünnerer Gummi verarbeiten. Das Aufziehen der einzelnen Glieder ist hier ein leichtes und Näheres darüber anzugeben, würde wohl zuviel Zeit in Anspruch nehmen.

Um mit Gummikordel sparen zu können, verfertige man die dazu gehörigen Drahthaken möglichst lang, was sich bei Anwendung der neuzeitlichen Spiralfedern schon von selbst ergibt.

Das Einsetzen der Augen.

a) Unbewegliche Augen.

Das Einsetzen der Augen ist mit ziemlichen Schwierigkeiten verknüpft. Hat man nämlich die passenden Augen in die Augenlöcher eingelegt und möchte nun mit dem Festgipsen beginnen, so kann mitunter die leichteste Bewegung des Kopfes die Augenrichtung entstellen. Um solchen Schwierigkeiten aus dem Wege zu gehen, bestreiche man vor dem Einlegen die Augen mit etwas Syndetikon, dann erst kann man mit dem eigentlichen Festgipsen beginnen.

Man soll jedoch nie, wie das häufig geschieht, den Gips durch die Kopföffnung gießen, sondern denselben nur vorsichtig mittels eines Löffelstieles an die Augen bringen. Ist der Gips hart geworden, so werden mit einer weichen angefeuchteten, aber nicht nassen Bürste das Gesicht und die Augen von dem durchgelaufenen Gipswasser gesäubert. Um das Wiederherausfallen der Augen, wie das bei Zelluloidköpfen leicht vorkommen kann, zu verhüten, stopfe man die Kopfhöhle mit Papier aus.

b) Bewegliche Augen.

Bei Schlafaugen, namentlich wenn sie neu sind, ist das Eingipsen noch schwieriger, als bei festen Augen. Bei neuen Schlafaugen ist nämlich besonders darauf zu achten, daß die Entfernung der voneinanderstehenden Augen höchst selten mit der Breite der Nasenwurzel übereinstimmt, es sei denn, daß die Augen und Kopf ein und dasselbe Fabrikat sind.

Ersatzschlafaugen eines jeden Fabrikates am Lager zu führen, würde wohl zu weit führen, deshalb ist es ein besseres und leichteres Arbeiten, wenn das alte Augenpaar noch vorhanden ist.

Die beiden Augen werden mit etwas Öl bestrichen und so in die Augenlöcher gelegt, alsdann wird mit dem Löffelstiel an den Außenseiten eines jeden Auges ein kleiner Berg Gips angehäufelt und nun sind von Zeit zu Zeit bis zum Hartwerden des Gipses die Augen an der Bleiplombe auf und nieder zu bewegen.

Das Aufkleben der Perücke.

Niemals gebrauche man zum Aufkleben der Perücke Tischlerleim, wie das leider noch so häufig geschieht.

Ist einmal für die Puppe ein neuer Kopf nötig und die alte Perücke noch verwendungsfähig, so würde man diese eher entzwei reißen, als sie heil und ganz von dem alten Kopf herunterzubekommen, wenn sie mit Tischlerleim aufgeklebt war.

Dextrin ist für diese Zwecke der beste Kleister.

Sind die Reparaturen nun alle erledigt, so nehme man zur Säuberung der ganzen Puppe ein mit Seifenwasser angefeuchtetes Läppchen oder Schwamm und reibe dann die erstere von Kopf bis Fuß ab.

Es ist dies eine kleine Mühe, die nie ihren Zweck verfehlt. Das gleiche geschieht mit der Perücke.

Ein paar Wellen oder Löckchen, die eine Arbeit von zwei bis drei Minuten erfordern, geben der Puppe gleich ein besseres Aussehen.

Der Verfasser schreibt in einem Vorwort, daß er mit dieser Anleitung vielfach geäußerten Wünschen und Anfragen über Puppenreparaturen aus dem Leserkreis der ›Deutschen Allgemeinen Friseur-Zeitung‹ nachgekommen sei.

Er führt weiter aus, daß die Verhältnisse auf dem Weltmarkt – einige Materialien wären knapp geworden – es erforderten, Ersatzmittel einzusetzen.

Soweit also der Puppendoktor im Jahre 1916!

Die 1849 gegründete Firma Nöckler & Tittel, Schneeberg (Sachsen), 200 Arbeiter, wirbt zu diesem Zeitpunkt für alle Sorten angekleideter Puppen. Es werden in der Anzeige die neuen Puppenserien ›Schneeglöckchen‹ und ›Dickerchen‹ angeboten. »Illustrierte Preisliste gratis und franko – wichtig! Auch während des Krieges prompte Bedienung.«

Eine wichtige Empfehlung:

Wer eine Puppenreparatur nicht wirklich fachmännisch ausführen kann, sollte sich unbedingt an ein Puppen- oder Spielzeugmuseum wenden. Hier weiß man sicherlich Adressen von Puppendoktoren.

Puppen- und Spielzeugmuseen

Deutschland

O-5210 *Arnstadt,* Schloßplatz 1
Puppenstadt ›MON PLAISIR‹ der Fürstin
Augusta Dorothea von
Schwarzburg-Arnstadt (1666 – 1751)

5484 *Bad Breisig,* Koblenzer Str. 31, Altes Rathaus
Puppenmuseum / Sammlung Ringel

7570 *Baden-Baden,* Gernsbacher Str. 48
Spielzeugmuseum / Sammlung Furtwengler

7506 *Bad Herrenalb,* Klosterstr. 2
Spielzeugmuseum / Sammlung Furtwengler

6990 *Bad Mergentheim,* Schloß 5
Puppenstuben der Sammlung Johanna Kunz

7107 *Bad Wimpfen*
Puppenmuseum / Sammlung Geka Wagner

6440 *Bebra-Solz,* Burgring
Spielzeugmuseum Solz
Vorrangig Holzspielzeug

O-1800 *Brandenburg,* Hauptstr. 96
Historisches Spielzeug aus Brandenburg (u. a. Lehmann)

2800 *Bremen,* Schwachhauser Heerstr. 240
Focke-Museum mit Spielzeugsammlung im
Haus Riensberg

8630 *Coburg,* Rückertstr. 2 – 3 (Friedr.-Rückert-Haus)
Puppenmuseum / Sammlung Lossnitzer

7928 *Giengen* an der Brenz
Margarete-Steiff-Museum

4155 *Grefrath*
Niederrheinisches Freilichtmuseum mit ›Spielzeugscheune‹

2000 *Hamburg* 55, Grotiusweg 79
Puppenmuseum Falkenstein / Sammlung Elke Dröscher

Seite 163: Damenhafte KESTNER-*Puppe, Brustkopf aus Biskuitporzellan, geschlossener Mund, Stoffkörper, Lederarme, umgeben von zwei Jungenpuppen: Alt, Beck & Gottschalck (links) und Kestner (rechts). Alle drei Puppen haben rechtsgedrehte Brustköpfe. Sie tragen besonders schöne Originalbekleidung, ca. 1885, 51 / 56 cm.*

6450 *Hanau,* Parkpromenade 4, Schloß Wilhelmsbad
Hessisches Puppenmuseum;
Leitung: Gertrud Rosemann

2400 *Lübeck,* Kleine Petersgrube 4 / 6
Museum für Puppentheater

4670 *Lünen,* Schwansbeller Weg 32 / 34

5353 *Mechernich-Kommern,* Auf dem Kahlenbusch
Rheinisches Freilichtmuseum –
Landesmuseum für Volkskunde
Historische Puppenstuben Maria Junghanns und
Spielzeugsammlung H. G. Klein
(1989 erworben)

6120 *Michelstadt,* Amtshaus in der Kellerei
Spielzeugmuseum; Leitung: Prof. Helmut Anthes

8000 *München,* St.-Jacobs-Platz 1
Stadtmuseum / Theater- und Puppensammlung

8000 *München,* Marienplatz 15, Alter Rathausturm
Spielzeugmuseum / Sammlung Ivan Steiger

8000 *München* 45, Gondershauser Str. 37
Puppenmuseum / Sammlung
E. Freifrau von Massenbach-Körle

8632 *Neustadt bei Coburg,* Hindenburgplatz 1
Museum der Deutschen Spielzeugindustrie

8500 *Nürnberg,* Karlstr. 13 – 15
Spielzeugmuseum der Stadt Nürnberg /
Museum Lydia Bayer

8500 *Nürnberg,* Kornmarkt 1
Germanisches Nationalmuseum
Herausragend:
Puppenhäuser des 17. und 18. Jahrhunderts

8390 *Passau,* Residenzplatz
Spielzeugmuseum / Sammlung Ivan Steiger

8803 *Rothenburg o. d. Tauber,* Hofbronnengasse 13
Puppen- u. Spielzeugmuseum / Sammlung Kath. Engels

O-9335 *Seiffen,* Ernst-Thälmann-Str. 73
Erzgebirgisches Spielzeugmuseum

3040 *Soltau,* Poststr. 7
Norddeutsches Spielzeugmuseum / Sammlung Hannelore und Mathias Ernst

O-6400 *Sonneberg,* Beethovenstr. 10
Deutsches Spielzeugmuseum, u. a. mit Schaugruppe ›Thüringer Kirmes‹

8531 *Sugenheim,* Altes Schloß
Spielzeugmuseum

5500 *Trier,* Nagelstr. 4 – 5
Spielzeugmuseum / Sammlung Rolf Scheurich

7770 *Überlingen,* Krummebergstr. 30
Städtisches Museum mit Puppenstubensammlung J. Kunz

O-5812 *Waltershausen,* Schloß Tenneberg
Heimatmuseum mit Spielzeugabteilung

3050 *Wunstorf 2-(Steinhude),* Unter den Hestern 3
Kinderweltmuseum / Sammlung Scholtz-Knobloch

Museen in Deutschland mit Puppen- und Spielzeugausstellungen:

1000 Berlin 61, Lindenstr. 14
Berlin-Museum

3100 Celle, Schloßplatz 7
Bomann-Museum

6000 Frankfurt/M., Saalgasse 19
Historisches Museum

7320 Göppingen
Städtisches Museum im ›Storchen‹

2000 Hamburg, Museumsstr. 23
Norddeutsches Landesmuseum Altona

O-7000 Leipzig
Museum für Geschichte der Stadt Leipzig

2400 Lübeck
St.-Annen-Museum

4130 Moers
Grafschafter Museum im Schloß

2380 Schleswig
Städtisches Museum

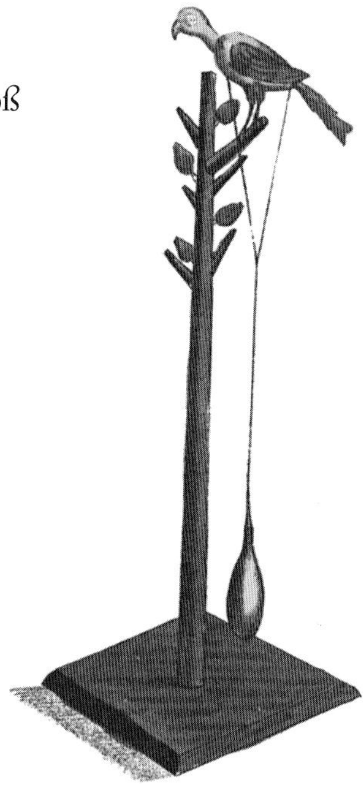

Dänemark

DK-7190 *Billund*
Puppensammlung im Legoland-Park;
TITANIA'S PALACE

Frankreich

F-92400 *Courbevoie,* 178, Bld. Saint-Denis
Musée Roybet-Fould

F-78300 *Poissy,* 2, Enclos de l'Abbaye
Musée du Jouet

F-67000 *Strasbourg,* Pont du Corbeau
Musée Historique
(Sammlung von Toni Ungerer)

Großbritannien

GB-*Edinburgh,* 38 High Street
Museum of Childhood

GB-*London* E2 9PA, Cambridge Heath Road
Bethnal Green Museum of Childhood

GB-*London* W1, 1 Skala Street
Pollocks Toy Museum

GB-*Sudbury* DE6 5HT, Audbury Hall
Museum of Childhood
Neue Ausstellung, die die Betty Cadbury
›Playthings Past‹-Sammlung beinhaltet

Niederlande

NL-7411 *Deventer,* Brink 47
Speelgoed- en Blikmuseum

NL-1781 *Den Helder,* Binnenhaven 25 / 26
Käthe-Kruse-Puppenmuseum / Sammlung Riemersma

NL-4901 GL *Oosterhout,* St. Vincentiusstraat 86
Speelgoedmuseum / Sammlung Heemskerk

NL-*Rotterdam,* Groene Wetenig 41
Toy-Toy Museum / Sammlung Flos & Pieter Mars

Österreich

A-9541 *Einöde-Winklern* (Kärnten)
Elli Riehl-Puppenmuseum

A-5020 *Salzburg,* Bürgerspitalgasse 2
Spielzeugmuseum des Salzburger Museums
Carolino Augusteum

A-4870 *Vöcklamarkt* (Salzkammergut)
Kinderweltmuseum Schloß Walchen

A-1010 *Wien,* I. Bezirk, Schulhof 4
Puppen- und Spielzeugmuseum /
Sammlung Vaclav Sladky

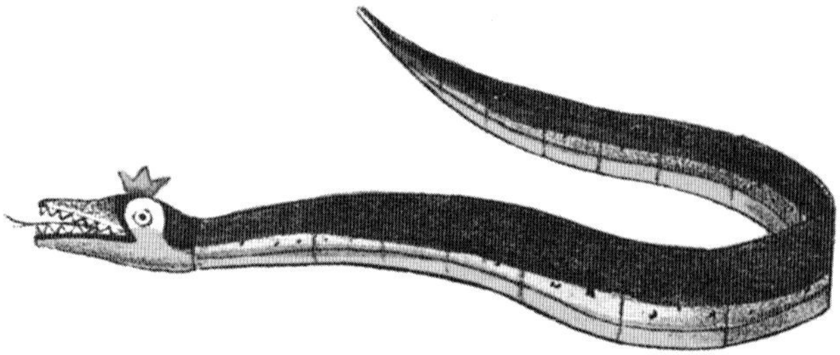

Schweiz

CH-4051 *Basel,* Elisabethenstr. 27 / 29
Historisches Museum ›Haus zum Kirschgarten‹

CH-4125 *Basel-Riehen,* Baselstr. 34
Spielzeug- und Dorfmuseum im Wettsteinhaus

CH-8260 *Stein am Rhein,* Schwarzhorngasse 136
Puppenmuseum / Sammlung Erika Steiner

CH-8001 *Zürich,* Bärengasse 15
Puppenmuseum Sasha Morgenthaler (Wohnmuseum)

CH-8001 *Zürich,* Fortunagasse 15
Spielzeugmuseum / Sammlung Franz Carl Weber

Auktionshäuser und Puppen- und Spielzeugbörsen

Auktionshäuser mit häufigen Puppenversteigerungen

Ingeburg Beil
Klosterholzstr. 36
5820 Gevelsberg

Waltraud Boltz
Brandenburger Str. 36
8580 Bayreuth

Galerie de Chartres
Jean & Jean-Pierre Lelievre
1 bis, place du Géneral de Gaulle
F-28000 Chartres

CHRISTIE'S South Kensington
85 Old Brompton Road
GB-London SW7 3LD

Cornwall
›Heckhof‹, Heckhofweg 146
5000 Köln 60 (Bilderstöckchen)

Karin Ernst
Bahnstr. 34 – 36
4050 Mönchengladbach

Christine Kohler
Alte Kapelle
CH-8414 Buch am Irchel

Lankes
Klosterstr. 22
8670 Hof

Götz Seidel
Rheinbaustr. 36
6802 Ladenburg

Sotheby's
34-35 New Bond Street
GB-London W1A 2AA

Seite 171: Simon & Halbig, Kämmer & Reinhardt, Biskuitporzellan-Kurbelkopf, offener Mund, durchstochene Ohrläppchen, Gelenkkörper, als Junge gekleidet (Soldat), Zubehör von der Firma Steiff, 52 cm.

Theriault's the dollmasters
P.O. Box 151
USA-Annapolis
Maryland 21 404

Veranstalter von Puppen- und Spielzeugbörsen

Gierse:

Ulrich Gierse, St.-Nicolai-Str. 1, 2280 Westerland (Sylt)

Neumann:

Walter Neumann, Max-Fremery-Str. 3 a, 5000 Köln 30

Theurer:

Dr. Rolf Theurer, Saarstr. 7, 7000 Stuttgart 50

Wanke:

M. Wanke GmbH, Robert-Bosch-Str. 6, 6250 Limburg

Wolfers:

Leokadia Wolfers, Flußbergstr. 6 a, 5900 Siegen

Anhang

Literaturverzeichnis

Altonaer Museum in Hamburg:
›Von der Lust und Last Kind zu sein‹ –
Kinder früher und heute – Material Projektgruppe des Museumspädagogischen Dienstes.
Hamburg 1980.

Anka, Georgine und Gauder, Ursula:
Die deutsche Puppenindustrie 1815 – 1940.
Stuttgart 1978.

Ariès, Philippe:
Geschichte der Kindheit.
München / Wien, 4. Aufl. 1977.

Bachmann, Manfred und Hansmann, Claus:
Das große Puppenbuch.
Eine Kulturgeschichte der Spielpuppe.
Leipzig 1978.

Bayer, Lydia:
Das Spielzeugmuseum der Stadt Nürnberg.
(Geleitwort von Hermann Glaser).
Nürnberg 1978.

Benjamin, Walter:
Über Kinder, Jugend und Erziehung.
Frankfurt / M. 1969.

Benjamin, Walter:
Zur Spielzeugausstellung des Märkischen Museums.
In: ders., Gesammelte Schriften.

Seite 175: Kämmer & Reinhardt/ Simon & Halbig, Serien-Nr. 116 A, GM-Eintragung 1911, Charakterpuppe, Biskuitporzellan-Kurbelkopf, offengeschlossener Mund, 34 cm.

Beyer, Annette:
Faszinierende Welt der Automaten.
München 1983

Bierer, L., Fürth,
Katalog um 1910.

Boehn, Max von:
DOLLS.
Nachdruck der englischen Ausgabe des zuerst 1929 unter dem Titel PUPPEN erschienenen Buches.
New York 1972.

Bremer Landesmuseum
für Kunst- und Kulturgeschichte,
Focke-Museum. 1980:
Arbeitsmappe ›Womit Kinder früher spielten‹ – Altes Spielzeug im Haus Riensberg.

Brockhaus 1898.

Cieslik's Puppen-Magazin, Internationale Zeitschrift.
Jülich-Koslar 1987 ff.

Cieslik, Jürgen und Marianne:
Puppen.
München 1979.

Cieslik, Jürgen und Marianne:
Das große Schildkröt-Buch.
Jülich 1986.

Cieslik, Jürgen und Marianne:
Die Geschichte des Teddybären und seiner Freunde.
Jülich 1989.

Cieslik's Lexikon der deutschen Puppenindustrie – Marken – Daten – Fakten.
Jülich 1984/1989.

Cieslik's Puppen-Bestimmungsbuch.
3. erweiterte Auflage 1989.

Coleman, Dorothy S., Elizabeth A. und Evelyn:
The Collectors Encyclopaedia of Dolls.
New York 1968 und 1986.

DAS KRÄNZCHEN – Illustrierte Mädchen-Zeitung.
30. Folge – 1917.

Desmonde, Kay:
All Colour Book of Dolls.
London 1974.

Dröscher, Elke:
Puppenwelt – Modewelt.
In: Magazin SAMMELN, 1/1990.

Ehret / Fischer / Zweig-Gräfenhahn:
Puppen – Antiquitäten-Katalog/Marktpreise.
München 1988.

Engels, Katharina und Meinel, Gertraud:
Leben mit Puppen. Freiburg 1987.

Fraser, Antonia:
Schöne Puppen.
Stuttgart/Frankfurt/M. 1984.

Gröber, Karl:
Das Puppenhaus der Fürstin Augusta Dorothea
von Schwarzburg-Arnstadt.
Königstein/Leipzig.

Hennig, Claire:
So lebten die alten Puppen.
Frankfurt 1979.

Hessisches Puppenmuseum (Sammlung Rosemann),
Hanau-Wilhelmsbad, Band 1, 1983.

Hillier, Mary:
Puppen und Puppenmacher.
Frankfurt 1968/1984.

Katalog ›Puppe, Fibel, Schießgewehr.
Das Kind im kaiserlichen Deutschland.‹
Berlin 1977.

Katalog Spielzeugmuseum Michelstadt, 1982.

Katalog Puppen- & Spielzeugmuseum Rothenburg
ob der Tauber.
Braunschweig 1985.

Katalog ›Spielzeug gestern und heute‹.
Deutsches Spielzeugmuseum Sonneberg, 1990.

King, Constance E.:
Puppen und Puppenhäuser.
Zollikon 1977.

King, Constance E.:
Jumeau – Prince of Dollmakers.
USA 1987.

Kruse, Käthe:
Das große Puppenspiel.
Heidelberg 1951.

Kunze, Hermann:
Der Puppendoktor.
Berlin 1916.

Kutschera, Volker:
Spielzeug. Spiegelbild der Kulturgeschichte.
Salzburg 1975.

Lehmann, Emmy:
Die Sonneberger Puppenmacher.
Sonderdruck aus:
Deutsches Jahrbuch für Volkskunde.
Berlin 1958.

Lenk, Margarete:
Aus meiner Kindheit. Jugenderinnerungen.
Zwickau 1910.

Moser-Rath, Elfriede (Hg.):
Lirum, Larum, Löffelstiel –
wer mischt mit beim Kinderspiel?
Göttingen 1979.

Polko, Elise:
Unsere Pilgerfahrt von der Kinderstube bis
zum eignen Herd.
Leipzig 1874.

Puppentheatersammlung der Stadt München.
Mechanisches Spiel und Theater.
Katalog zur Ausstellung. München 1972.

Reinelt, Sabine:
Zauber der Charakterpuppen.
Weingarten 1985.

Richter, Lydia:
Käthe Kruse PUPPEN.
München 1982.

Richter, Lydia und Joachim:
Charakter-Puppen.
München 1982.

Rühle, Otto:
Das proletarische Kind.
München 1922.

Schmidt, Hermann:
Die Welt der niederdeutschen Kinderspiele.

Schroeder, Werner:
Schildkröt-Puppen. Die Firmengeschichte der Rheinischen Gummi- und Zelluloid-Fabrik, Mannheim-Neckarau.
Aus: Neudruck der Preis-Liste 1913.

Stäblein, Rita:
Holzpuppen aus Gröden.
In Volkskunst, Heft 4, 11/1979, S. 205 ff.

Stanton, Carol Ann:
Heubach's little character dolls and figurines 1850–1930.
Enfield 1978.

Weber-Kellermann, Ingeborg:
Die Kindheit – eine Kulturgeschichte.
Frankfurt 1979.

Zedlitz und Neukirch, Anna Freifrau von:
Kindergedanken und Gedanken über Kinder.
Hamburg 1905.

Bildnachweis

Bremer Landesmuseum:
Seite 135

Deutsches Spielzeugmuseum, Sonneberg:
Seite 25, 34, 53

Ch. Grauwiller Verlag:
Seite 144

Museum der Geschichte der Stadt Leipzig:
Seite 31

Puppen & Spielzeug Museum, Rothenburg ob der Tauber:
Seite 60, 69 u., 90, 128

Schloßmuseum Arnstadt, Historische Puppensammlung:
Seite 33

Spielzeugmuseum am Rathaus, Sammlung Hannelore Ernst, Soltau, fotografiert von Jürgen Nogai, Bremen:
Seite 11, 18, 21, 23, 24, 27, 29, 37, 38, 41, 47, 49, 51, 52, 55 li., 56, 57, 59, 63, 65, 66, 67, 69 o., 71, 74, 78, 80, 83, 85, 87, 88, 91, 95, 97 – 100, 103, 104, 107, 109 – 115, 117, 119 – 121, 127, 129, 131, 147, 163, 171, 175

Umschlagfotos: Jürgen Nogai, Bremen

Register

Kursiv gedruckte Seitenzahlen verweisen auf Abbildungen

SACHREGISTER

PERSONEN-/ FIRMENREGISTER